2018年度福建省社会科学规划项目（青年项目）
“企业家精神差异化配置与企业创新绩效的关系研究”基金
厦门理工学院学术专著出版基金
资助

企业家精神差异化配置与企业创新绩效的关系研究

QIYEJIA JINGSHEN CHAYIHUA PEIZHI YU QIYE CHUANGXIN JIXIAO DE GUANXI YANJIU

张晔◎著

中国财经出版传媒集团

经济科学出版社
Economic Science Press

图书在版编目（CIP）数据

企业家精神差异化配置与企业创新绩效的关系研究/张晔著．—北京：经济科学出版社，2021.9
ISBN 978－7－5218－2947－1

Ⅰ．①企… Ⅱ．①张… Ⅲ．①企业家－企业精神－关系－企业创新－研究②企业家－企业精神－关系－企业绩效－研究 Ⅳ．①F279.23②F273.1③F272.5

中国版本图书馆CIP数据核字（2021）第206653号

责任编辑：杜 鹏 常家凤
责任校对：王肖楠
责任印制：邱 天

企业家精神差异化配置与企业创新绩效的关系研究
张 晔 著
经济科学出版社出版、发行 新华书店经销
社址：北京市海淀区阜成路甲28号 邮编：100142
编辑部电话：010－88191441 发行部电话：010－88191522
网址：www.esp.com.cn
电子邮箱：esp_bj@163.com
天猫网店：经济科学出版社旗舰店
网址：http：//jjkxcbs.tmall.com
固安华明印业有限公司印装
710×1000 16开 10印张 170000字
2021年9月第1版 2021年9月第1次印刷
ISBN 978－7－5218－2947－1 定价：59.00元

序

无论是在学术界还是实践领域，“企业创新”都是个高频词语。近年来，随着“创新创业”和“企业转型升级”等相关政策的落实，企业创新投入及创新效率成为学术界和实践领域探讨的热门话题。多年来，学者们、企业家们和政策制定者们都从各自的角度，积极开展企业创新领域的研究和实践工作，取得了丰硕的成果。

企业创新不仅是企业微观层面实现持续发展的驱动力，更是国家宏观层面实现“两个百年计划”的重要推动力。企业创新是经济增长的内在动力，是实施创新驱动发展战略、推动万众创新的关键，处于国家发展全局的核心位置。我国“十四五”规划中明确提出“关键核心技术实现重大突破，进入创新型国家前列”的整体奋斗目标。我国正处于市场化进程的关键时期，企业创新水平直接影响到我国经济的可持续发展和产业的转型升级。然而，现实情况是，我国科技创新和企业创新水平明显滞后于经济转型的需要，很多企业仍然在走“复制”“仿制”的老路。现实的社会难题提醒学术界应加强对这方面研究的重视程度。

企业是创新的主体，企业家是创新的灵魂。在很大程度上，企业家对于其所在企业的企业战略、企业文化和发展路径具有重要的决策权。在内生增长理论中，技术创新是内生的，是企业家以利润最大化为目标而进行研发努力的结果（庄子银，2007）。因此，对企业创新影响机制的研究应关注企业家本身，其中一个重要的问题就是企业家创新精神的存在及其配置。

因此，在研究创新时，企业家精神（尤其是企业家精神包含的企业家创新精神），以及其与企业创新之间的辩证关系是非常值得研究的课题。需要指出的是，本书关于“企业家精神”的研究范围较为宽泛，包括企业的所有者（参与经营管理决策的股东），以及受雇于所有者的职业企业家，即企业的高层管理者们。

张 晔

2021年8月

目　　录

第一章　创新理论与研究视角

第一节　研究背景

2020年10月29日，中国共产党第十九届中央委员会第五次全体会议审议通过《中共中央关于制定国民经济和社会发展第十四个五年规划和二〇三五年远景目标的建议》（以下简称“十四五”规划）。“十四五”规划提出了“关键核心技术实现重大突破，进入创新型国家前列”的整体奋斗目标。

细读“十四五”规划内容，不难看出，坚持创新和强化科技力量居于我国现代化建设全局中的核心地位，也是未来经济发展的重要驱动力。“十四五”规划突出强调企业的创新主体地位，提出应推动各类创新要素（如资金、人才、技术等资源）向创新型企业集聚。“十四五”规划还指出，应鼓励企业加强研发，推动产业链协同创新，促进不同规模企业之间的融通创新。而企业家作为创新要素，也在规划中被提及，强调应发挥其在技术创新中的重要作用。

可以看出，在国家的整体科技创新布局中，企业是创新的主体和载体。一般来说，科研院所、高校是基础科研的主要参与者，而企业则是应用开发及技术产品化、市场化、产业化的主要力量。也就是说，企业（尤其是科技型企业）承担了技术创新从实验室走向市场的重要环节，一头连着科研机构，另一头连着市场需求。因此，可以预见，在未来较长的一段时间内，企业创新将是国家发展战略的重心之一，也是实现“科技强国、民族振兴”的关键力量。近年来，企业创新的话题无论在学术界还是实务领域，都得到前所未有的重视，相关领域的研究已取得丰硕成果。国内外学者从多个不同的视角，对企业创新及其影响因素进行了广泛的讨论，其中包括对企业家与企业创新这组关联要素的探究。企业家精神作为关键词的文献量逐年增长，尤其是近十年，得到越来越多国内外学者的关注。企业家是企业创新投入的决策者、组织者和参与者，企业家的创新精神和冒险精神对企业创新活动产生重要的积极影响。因此，企业家精神与企业创新的关系是一个极具理论意义和现实意义的热点话题。

第二节　创新理论介绍

一、创新理论的主要学派

创新理论最初由政治经济学家熊彼特（Joseph Schumpeter）于 1912 年提出。熊彼特开创新地提出以下观点：创新（innovation）可以理解成“建立一种生产函数”，创新的过程是将创新的要素引入生产函数，或者是将已有的但在本国尚未使用的要素或者条件引入生产。熊彼特进而将创新归纳为五个方面：第一，产品创新，包括创造出一个新的产品，或者对已有产品功能和品质的改进。第二，技术创新，包括将基础科研领域的最新突破应用到生产中，形成创新的生产方法。第三，市场创新，包括开拓新的市场。第四，要素创新，包括取得新的原料来源。第五，产业组织创新，包括在产业中形成新的组织模式，如形成或者打破垄断格局。

继熊彼特开创性地提出创新理论后，学术界对创新理论展开了进一步的研究。尤其是 20 世纪 50 年代以后，基于创新理论，衍生出以下四个主流的理论。

（一）新古典学派

新古典学派以美国经济学家罗伯特·索罗（Robert Solow）为代表。索罗（1957）提出一种新的经济增长模型，称为“斯旺新古典增长模式”，区别分析了经济增长的两个主要来源，分别为资本和劳动投入与技术创新，并研究了政府通过税收和法律等各种调控手段对技术创新的干预作用。

（二）新熊彼特学派

新熊彼特学派的代表学者包括凯密恩和施瓦兹（Kamien and Schwartz）以及曼斯菲尔德（Mansfield）等。该学派延续了熊彼特的创新理论，提出若干有较大影响的技术创新模型，认为技术创新在一国经济增长中发挥关键作用。新熊彼特学派的主要贡献是：提出技术创新是一个相互作用的复杂过程，并且对其运作机制进行研究，如技术创新与市场结构的关系、技术创新与企业规模的关系等（余志良和谢洪明，2003）。

（三）制度创新学派

制度创新学派以美国经济学家诺斯（North）为代表。该学派研究了经济增长与制度变迁的内在关系，强调制度创新对经济发展的重要作用。该学派的重要贡献是：将制度学派的制度理论引入研究，提升熊彼特创新理论的研究深度（张凤海和侯铁珊，2008）。

（四）国家创新系统学派

国家创新系统学派是目前创新理论发展的最新阶段。该学派强调政府在整个创新过程中的关键作用，认为国家创新系统是技术创新的重要推动力。因此，创新系统中的主体（包括高校、科研机构和企业）活动，以及影响这些主体创新活动的各种制度结构和制度安排，必须与技术创新的特征相适应。国家创新系统学派融合了创新理论和制度理论。该学派的主要代表包括弗里曼（Freeman）和尼尔森（Nelson）。

二、技术创新、制度创新与管理创新

（一）技术创新

技术创新（technological innovation）指的是，创新主体运用创新要素，创造性地改造原有技术或者研发新的技术的过程。其目的是通过技术创新推进产品创新，实现创新技术的产业化运营，改变企业的生产函数，最终实现企业经济效益。成功的技术创新，应该经历创意产生、研究开发、产品创新、产业化生产和市场销售的整个过程。

以生物技术创新为例，其技术创新的过程，是多主体共同参与的过程，是一个系统工程，需要包括高校、政府、科研机构和企业的协同合作。

生物技术产业的技术创新，主要包括以下两个方面的内容。

其一，科学领域的基础创新。生命科学基础研究是应用生物技术开发的前提。基础科研是认识生命规律，获取、利用和改造生物特性的新知识、新理论和新方法，例如遗传学、基因工程、蛋白质组学等。基础科研对生物技术创新有“双重影响”。一方面，高水平的基础科研创新能力为技术创新提供平台，一个基础科研的突破可能带来膨胀式的技术创新。另一方面，如果基础科研薄弱，将严重制约技术创新。

其二，应用技术创新。应用技术是在基础科研的基础上，通过不同的进步路径发展起来的。应用技术是生命科学研究到产业化发展的桥梁，是将技术转化成经济效益和社会效益的纽带。例如，生物应用技术主要体现在对传统产业的改造创新，转基因育种技术是生物技术对传统农业的改造，单抗体技术是生物技术对传统医药的改造。

（二）制度创新

制度（institutions）的含义是为规范社会组织之间以及组织内部行为而设立的规则和体系（Ruttan and Lore. M. , 2006）。制度创新（institutional innovation）指的是，以提高对经济活动的激励程度并降低交易成本为目标，以规则体系调整和变迁为主要内容的创新活动（王艾青，2005）。良好的制度环境是制度创新的产物。

制度创新主要包括制度结构创新和制度安排创新。制度创新有多种实现路径：按制度创新主体不同可以划分为政府强制性与需求诱制性制度创新；按制度创新手段不同可以划分为供给主导性、准需求诱制性和需求诱制性制度创新；按制度背景不同可以划分为进化理性主义、构建理性主义和实践理性主义制度创新；按制度创新速度不同可以划分为激进式和渐进式制度创新（严汉平和白永秀，2005）。

（三）管理创新

企业管理（business management）指的是对企业的经营活动、投资活动和筹资活动进行计划、组织、控制、监督、调节等一系列行为，并协调资源的配置，以实现企业经济效益，达到企业的战略目标。企业管理包括盈利的基本职能、创造价值的开发生产职能，以及保障价值实现的营销与物流职能和人事与财务职能（程东全和李军，2006）。

管理创新（management innovation）则是指，运用创新的企业管理方法、手段和模式，建立起新的生产函数（李子奈和鲁传一，2002），以提高企业经营效率，促进企业创新能力、盈利能力与发展能力。

三、三种创新之间的辩证关系

技术创新、制度创新和管理创新三者之间存在着紧密的内在逻辑关系。在一个有效的产业发展环境中，三种创新相互促进，形成一个高效率的机制，促进企业和产业有序快速发展。

（一）技术创新是企业发展的核心推动力

本书以生物技术为例（详细分析见第七章）。生物技术产业的形成源于生物领域的突破性技术革新，技术创新是生物技术产业发展最重要的推动力。可以说，生物技术产业是大量技术产业化的网络集成。此外，技术创新是生物技术产业可持续发展的关键，也是推动产业生命周期演进的动力。

当今时代，科学技术跨越式发展成为常态，技术创新改变了企业的传统经营模式，而经济全球化则进一步促进了国际间协同创新。

（二）制度创新是技术创新的前提和内在要求

如果说技术创新是产业发展的“主线”，那么制度创新是产业发展的“基石”。制度创新通过规范市场而降低交易成本，通过产业政策提供激励机制，为企业发展创造良好的外部环境。制度创新促进生产要素的合理配置，规范市场行为，为生物技术产业发展奠定了制度基础，提供了社会、经济等方面的保障。

制度创新主要体现在合理有效的制度结构。制度结构与技术创新之间是一种耦合关系。合理有效的制度结构是技术创新的前提和保证。反之，不合理的制度结构，将极大制约技术创新，进而影响产业经济发展。

（三）管理创新是技术创新的推动力

管理创新促进技术创新。管理创新是企业发展的内在需要，合理的管理模式是企业进步的保障。对于高新技术企业而言，技术创新能力是企业的重要竞争优势，亦是企业发展的关键推动力。管理创新可以为技术创新提供重要支持，加速技术创新流程，提高研发人员的创新积极性，为新技术、新产品、新应用的诞生提供有力保障。因此，技术创新和管理创新作为两个相互作用的要素，在企业持续发展和企业价值提升的过程中发挥重要的促进作用。

第三节　研究视角与研究意义

本书的视角偏微观，研究的是企业家与企业创新活动这组关系，关注的是企业家精神如何影响企业的创新行为、创新强度和创新绩效。因此，本书的落脚点在于三类创新中的技术创新。

一、研究视角的选择

本书主要针对我国市场化进程的特殊背景，在阅读和梳理国内外相关文献的基础上，结合企业创新、企业家精神的现实背景，从而得到本书的研究视角。

主流经济学理论认为，企业家精神是一种重要的生产要素（Baumol，1968；Schultz，1980；Hebert and Link，1989；Schumpeter，1934；等等），对经济增长有显著的正效应，是经济持续增长的重要驱动力（Schumpeter，1934；Glaear，2007；李宏彬等，2009；李杏，2011；等等）。企业家精神影响新企业的建立、进入新市场的行为以及企业创新行为（Wennekers and Thurik，1999），并通过提高内生技术进步率（郑江淮和曾世宏，2009）、优化资源配置（Foster，2001）和提高劳动努力程度的供给（周卫民，2011），实现企业全要素生产率（TFP）的改善。

不同流派对企业家精神的内涵有不同侧重点。大多数学者认为，企业家精神的本质是创新精神（Covin and Slevin，1991）。熊彼得（1934）认为，具备企业家精神的企业家是“创造性破坏”的灵魂，在企业决策中会选择持续的创新战略。似乎企业家精神与企业创新是必然联系的。然而，现实中“技术包装”“营销式创新”“挂名院士”等现象在我国高新技术企业中并不少见。在这种现象中，创新成了企业寻租或骗取各级政府科技创业补贴的工具。另外，近些年我国资本界的典型现象是，当一个技术被科技界、资本界广泛认可时，就站在了“风口”，成为短期的资本热投点，但热情转瞬即逝，未能产生持续的创新，如2014年的“O2O”、2016的“VR元年”和2017年的“区块链”。大量的创新型企业在抢占风口后，随即放弃研发，立即寻找“离钱近”的项目。本书将这些现象归纳为企业家精神的非创新性配置。

理论与现实的矛盾，激发了部分学者对企业家精神配置与企业创新之间关联性的探究。事实上，一个经济体能否有持续的创新能力和增长能力，关键在于企业家精神是配置到创新等生产性活动中，还是配置到寻租等非生产性活动中（Baumol，1990，1993，2002）。简单来说，就是企业是否具有较强的创新意愿和较高的创新投入。我国自古以来从不缺乏企业家精神。从历史上的“十大商帮”到以“爱拼才会赢”的福建省为例的经济发展有活力的地区，充满着大批极富企业家精神的创业者，典型代表是家族企业。然而一个普遍的现象是，这种企业家精神未能充分配置到创新中。

有少数学者从不同的视角对企业家精神配置的影响因素进行了探索性研究。

第一，外部环境方面，企业家的创新动机、创新策略、实施能力等方面都受到宏观环境影响（Webb et al.，2013）。经济自由度（Angulo-Guerrero et al.，2017）、文化因素（Freytag and Thurik，2010）、制度因素（Lu and Tao，2010）、政策因素（Li et al.，2012）和产业集群（Letaifa and Rabeau，2013）等外部因素都可能影响企业家精神的发挥。阿尔布列斯库等（Albulescu et al.，2016）则认为，政治腐败是企业家精神配置到寻租上的重要原因。

第二，企业内部方面，阿奇等（Ács et al.，2014）认为，企业市场地位、企业战略、员工创新能力等因素会影响企业家精神。潘健平等（2015）认为，不同程度的产权性质可能是解释企业家精神对企业创新影响程度不同的原因。

第三，企业家个人视角，企业家的受聘方式、个人履历、私人社会关系会对企业家精神产生影响，其影响程度在转型社会中更为显著（Wei and Ling，2015）。还有学者从企业家性别（Markussen and Roed，2017）、价值偏好（秦磊和李东红，2011）、文化资本（徐静等，2016）的角度研究企业家精神的影响因素。

整体来说，企业家精神配置与企业创新的研究仍处于探索性阶段：研究对象上，多停留于研究企业家精神的影响因素或企业创新的影响因素，很少有学者将企业家精神与企业创新放在一个框架下进行研究；研究内容上，多局限于使用实证方法研究企业家精神对经济增长的促进作用或对企业创新的影响效果，缺乏对企业家精神配置与企业创新关系的研究，尤其在我国经济进入“新常态”的转型时期，如何引导企业家精神配置到创新中的研究几乎没有；研究方法上，绝大多数使用二手数据，运用实验研究和调查问卷方法的文献匮乏。

综上所述，在总结和归纳前人研究的基础上，确定本书的研究视角。本书拟从企业家精神切入，以企业家精神与企业创新的关系为逻辑主线，运用规范研究法、问卷调查法、回归分析法等多种理论或实证分析方法，从企业家个人特征、归属感、内部人认知、家族企业代际传承等不同角度，深入研究企业家精神对企业创新行为、创新投入的影响机制。在此基础上，本书还从科技保险缓解融资约束的角度，研究其他因素对于企业家精神和企业创新的影响。最后，本书以我国生物技术企业为典型案例，研究以生物技术企业为代表的高新技术企业创新现状，分析其现实的困境，并尝试在引导机制上提出政策建议，旨在为我国市场化进程中促进企业创新提供理论依据。

二、研究的学术价值和应用价值

相对于已有研究而言，本书丰富了企业创新和企业家精神领域的研究成果，并提出一些有价值的观点和建议。总结起来，具备以下的学术价值和应用价值。

（一）研究的学术价值

本书从企业家精神配置的视角切入，研究企业家精神存在和作用的内在机理以及对企业创新的影响，是一个新的尝试。本书研究有助于拓展对转型社会中企业家精神配置问题的认识，具有一定的学术价值。同时，本书对企业家精神的内涵展开分析，研究企业家个人特征、归属感、内部人认知、家族企业代际传承等不同因素如何影响企业创新行为、强度和创新绩效，揭示内在的影响机制，丰富了企业创新领域的研究成果。

（二）研究的应用价值

本书研究弱化了影响企业创新的一些普遍、共性的因素，而选择在特定的经济转型背景下，研究企业家精神配置对企业创新的影响和机制，目的是解释现实与理论矛盾的现象，研究当前中国企业创新不足的本质问题，为企业和政策制定部门提供切实可行的治理改进建议，更好地引导企业家精神配置到创新中去。同时，研究以战略性新兴产业之一的我国生物技术产业为典型案例，深入分析该产业发展现状、创新现状、技术特征和创新制约因素等，并从产业政策层面以及企业微观层面提出相应的对策建议。本书具有较高的应用价值，可以为制定促进我国企业创新的政策提供有益参考。

第二章　企业家精神与企业创新的文献综述

企业家精神，尤其是当企业家精神合理配置到创新活动中时，对于企业创新具有积极的促进作用。这是学术界和实践领域已经达成的共识。本章尝试梳理学术界在此领域具有一定影响力的文献，重点讨论企业家精神和企业创新的内涵、影响因素特征以及两者之间的关系。

第一节　企业家精神文献综述

一、企业家精神的内涵

企业家精神的产生和配置，受到诸多因素的影响，是复杂环境下人为选择的结果。以下从宏观和微观的不同层面，总结学者们对企业家精神影响因素的研究成果。

宏观环境因素对企业家精神会施加影响。王文举（2021）等通过系统高斯概率密度函数（GMM）方法研究在地方政府制定相关政策来刺激经济增长的背景下，得出了企业家精神对经济增长有着促进作用，但当政府制定的经济增长目标较高时，这种作用就会越不显著（王文举和姚益家，2021）。市场化程度以及外贸开放程度的提高，有效促进了我国企业家的创业精神；市场环境因素中的政府规模、犯罪率与企业家创业精神负相关；较高的银行贷款余额、世界经济增长率、人均消费支出与公路里程，沿海的较佳地理位置对企业家创业精神都具有很强的推动作用（袁红林和蒋含明，2013）。此外，行政审批的服务范围对企业家精神存在着显著的激励作用，而行政审批改革对企业家精神的影响存在着地区异质性以及时滞效应（张敏，2021）。

企业微观层面的一些因素同样对企业家精神带来影响。阿奇等（2014）认为，企业市场地位、企业战略、员工创新能力等因素会影响企业家精神。潘健平等（2015）认为，不同程度的产权性质可能是解释企业家精神对企业创新的影响程度不同的原因。就家族企业而言，激励机制对企业家精神具有显著的正向促进作用，保健机制则表现为不作为或失灵；就国有企业而言，激励机制对企业家精神无显著影响，保健机制则对企业家精神具有较为显著的倒“U”型作用（李新春等，2006）。企业家个人视角，企业家的受聘方式、个人履历、私人社会关系会对企业家精神产生影响，其影响程度在转型社会中更为显著（Wei and Ling，2015）。还有学者从企业家性别（Markussen and Roed，2017）、价值偏好（秦磊和李东红，2011）、文化资本（徐静等，2016）的角度研究企业家精神的影响因素。

二、企业家精神与经济增长

学术界普遍认为，企业家精神对经济增长有显著的促进作用。鲁传一和李子奈（2000）在罗默和卢卡斯（Romer and Lucas）的新增长理论的基础上，提出将企业家精神引入经济增长理论的观点。庄子银（2003，2005）沿用了克鲁格曼（Krugman）的简单南北贸易框架，根据其发展了一个内生增长模型，证明了企业家将导致更高的经济增长，并揭示了企业家精神是长期经济增长源泉。其中，企业家精神中的创新精神，能够在全国总的层面促进经济增长，也能够在各个地区之间起着正向的促进作用，这种促进作用在东部以及中部之间的效果最为显著（周立和赵秋运，2021）。

陈俊龙等（2014）基于以往有关企业家精神、经济增长和企业成长的文献评述，从理论方面对企业家精神如何影响经济增长进行剖析，得出了以下四个结论：首先，在微观层面，企业家精神可以促进企业成长；其次，在宏观层面，企业家精神可以促进经济增长；再次，经济增长是企业成长的宏观反映；最后，企业成长是经济增长的微观基础。

王启亮等（2021）对企业声誉、企业家精神以及产学研协同创新中组织间知识分享的关系进行了细致的解释：企业家的创新精神、创业精神不仅有助于促进社会责任和网络能力等方面的企业声誉，同时还对产学研协同创新中组织间的知识分享有着重大的影响。另外，企业声誉不仅影响着产学研协同创新中组织间的知识分享，而且还在其与企业家精神之间起着中介效应。

企业家精神通过组织学习中介变量对企业绩效产生影响（陈卫东和卫维平，2010），企业家精神的空间分布呈现出了一种集聚的趋向，中国省域企业家精神存在正的空间相关性与集聚效应，且在东部沿海地区形成了企业家创业活动的密集带（杨勇等，2014）。我国城市企业家精神的区域发展规律与其经济发展的区域分布基本一致（谢智敏，2019）。

第二节　企业创新文献综述

一、企业创新的内涵

创新的概念最早由熊彼特给出定义：创新反映在结果的新颖性上。其中，“新颖性”包括新产品、新性能、新工艺、新能力、新供应源，以及新组织结构。马基维斯（Maquis，1969）指出，企业创新主要是企业层面的新颖性，是针对企业而言是新的，而非整个经济体。常修泽和戈晓宇（1989）认为，企业创新是指企业在生产经营过程中建立新的生产函数，或将各种经济要素进行新组合的经济行为。按照产业生命周期的演进轨迹依次包括以下五个方面的内容：产品创新、技术创新、市场创新、管理创新和组织创新。

二、企业创新的影响因素

目前，已有很多国内外学者从不同角度对公司创新的影响因素进行研究，例如，有学者从法律法规及政策的角度研究其对公司创新的影响，包括政府补贴政策、增值税改革、知识产权保护、融资融券等（王玺和张嘉怡，2015；杨振兵和张诚，2015；吴超鹏和唐药，2016；权小锋和尹洪英，2017）；也有学者从公司内部特征和治理水平的角度进行相关研究，包括公司诉讼风险、融资约束、高管特征等（潘越等，2015；易靖韬等，2015；何玉润等，2015）。整体来看，学术界对企业创新影响因素方面的研究，大多从企业外部环境或是企业内部治理结构的视角切入。关于“企业家”在企业创新活动中作用的文献较少。

刘胜强（2007）认为，企业必须有技术创新的内在需求，才会产生技术创新的动力。技术创新的内在需求会以企业内部“原动力”的形式表现出来，具体为：利益驱动、企业家精神、企业文化。有学者认为，在内部原动力中，微观主体的利益增进功效是最根本的动力（简新华和殷保胜，2008；余凤翥，2008）。

同时，企业的技术创新活动是在外部环境因素作用下，企业参与市场竞争的选择。外部“原动力”主要有：技术、市场需求、市场竞争和政府支持。现阶段，由于我国仍处于市场化进程中，这使得产业技术创新在一定程度上受到限制：中部以及东部市场环境相对健全，其对产业技术创新起着正向的促进作用；而市场环境滞后的东北部以及西部地区，其对产业技术创新有着一定的抑制作用（周立和赵秋运，2021）。此外，行政审批中心的建立能提高企业的创新水平，国有股权参股则能够显著促进家族企业创新投入和创新产出，并最终对创新效率产生积极影响，而获取政府补贴和提升创新管理能力是两条中介路径（李慧聪，2021）。

三、经济环境与企业创新

学者认为，经济政策的不确定性会对企业创新绩效产生重要影响，尤其是实质性技术创新，而这种影响被认为是正向的（阳镇等，2021）。分产权性质特征来说，选择性产业政策对企业策略性创新的激励效应主要体现在国企组和非高新技术行业组（黎文靖和郑曼妮，2016）。

科技金融网络结构对企业技术创新存在显著影响，其中，网络密度对企业技术创新有积极的促进作用，网络中心度对企业技术创新产生倒“U”型影响，网络联系强度对企业技术创新有“U”型影响（李媛媛和刘思羽，2021）。此外，企业网络关系与技术创新绩效也被学者证明具有显著的关联性，其中，组织创新的氛围被认为是重要的调节变量（王安琪和熊胜绪，2020）。

自愿参与型环境规制对企业技术创新具有正向影响，公众关注度在自愿参与型环境规制对企业技术创新的影响过程中起正向调节作用。外部市场环境分析发现，市场化水平越高的地区，公众关注度对企业技术创新的正向作用越显著（阮敏和肖风，2021）。有的学者则从碳排放权交易这个较新的维度研究碳排放权交易机制对企业绿色技术创新活动的影响机制（魏丽莉和任丽源，2021）。研究显示，前者对后者有显著的促进作用。此外，研究还发现，这种影响受到碳价格的约束，企业的绿色技术创新效应会随着碳价格升高而加强，两者呈现显著的正相关关系。

第三节　企业家精神与企业创新的关系文献综述

一、企业家精神与企业创新

学术界普遍认为，企业家精神与企业创新绩效之间存在显著的正相关关系。企业家创新精神、创业精神以及企业家精神向生产性领域的配置程度对于民营经济的规模壮大、创新驱动有明显的促进作用（程俊杰，2016）。企业家精神中的创新精神对促进技术创新与非技术创新的均衡发展作用显著，而企业家教育背景和创新重视程度则对创新施加结构性和差异性的影响（吴翌琳，2019）。企业家精神对专利申请数量和规模具有显著的正向影响，有利于提高不同来源的研发投入，促进区域创新绩效增长（陈红梅等，2021）。对于成立时间较长的公司来说，企业家精神可以帮助企业克服创新惰性，避免产生路径依赖。同时，环境不确定性可以为提升产品创新绩效提供契机，在环境动荡时企业家精神可促使管理者有效发挥其主观能动性，从而引导企业创新活动（俞仁智等，2015）。

受延伸型社会情感财富影响，企业层级的企业家精神将使企业富有冒险精神并促进突破式商业模式创新，而受约束型社会情感财富影响企业层级的企业家精神使企业富有创新精神并促进渐进式商业模式创新（王立夏，2021）。创新精神对效率型和新颖型商业模式创新有正向影响，并对财务绩效有显著的提升作用，而冒险精神仅对新颖型商业模式创新和市场绩效有积极作用（李巍和丁超，2016）。

企业家精神虽然能够促进企业创新，但这种情况主要存在于民营企业，且当地的知识产权保护力度越强则促进效应越明显，反之则会抑制企业创新（潘健平，2015）。

从文献整理收集的情况可以看出，有关企业家精神与企业创新的研究已经得到学术界的重视，取得了一定的理论研究成果。但是，仍存有一些值得进一步研究的空间，如有效的新知识衡量指标（Cohen and Levin，1989）。以往关于企业家精神对企业创新影响的研究中有学者用研发费用或研发人员数量等创新投入指标来衡量企业创新，但考虑到投入转化为产出的不确定性以及研发投入数据的可得性和准确性，现在的研究多以企业申请专利数量描述企业创新行为。此外，有关企业家精神与企业创新的关系的研究，目前仍以理论分析为主，实证研究较少。在实证研究的文献中，对企业家精神的计量也主要是基于问卷调查或直接谈话的方式收集数据，因而所得出的研究结论是否具有普适性，仍值得进一步考虑。这些是现有研究存在的不足之处。

二、企业家个人特征与企业创新

创新支持策略、员工创新自由度和组织界限等组织内创新环境要素都依赖于企业家，或者说组织内高层管理者的各项决策（俞仁智等，2015）。企业家精神作为企业家能力以及特质的集中表现，企业家个人取向的不同、水平的高低都会影响企业的各项决策，包括创新行为的选择等。因此，企业家个人特征与企业创新的关系研究，是企业家精神与企业创新研究的重要构成，受到此研究领域学者们的关注。

哈姆立克和梅森（Hambrick and Mason，1984）提出了高阶理论。该理论假定管理者的理性是有限的，将企业管理团队作为一个整体，以人口特征作为管理者个人特征的代理变量，测量管理者的认知水平和心理特征，并深入分析管理者的特征、公司决策和公司绩效之间的关系。目前，现有文献大多从企业外部环境和内部治理结构等特征对企业创新展开研究。

（一）管理者性别与企业创新

从管理者性别的角度，栗芳芳、伍诗雨等（2020）提出，女性高管采取差异化策略，很少过分自信，并且通常倾向于规避风险，故一般而言，与男性高管相比，女性高管做出创新决策的可能性较小。祝继高等（2012）也认为，在面对金融危机时，女性董事比例高的公司的商业投资行为将迅速下降，长期债务也将下降。通常，女性董事会减少公司的过度投资，以规避风险。从之前的研究来看，学者们在高管性别方面得到的结论较为一致，普遍认为男性高管比女性高管更能促进企业创新活动。

（二）管理者年龄与企业创新

从管理者年龄差异的角度，康艳玲和黄国良等（2011）以沪深两市中披露研发支出费用的高新技术企业为样本进行实证研究，结果发现，高管年龄与企业研发投入呈现显著负向影响。德肖和斯隆（Dechow and Sloan，1991）也认为年长的管理者会减少研发投入。究其原因，随着年龄增长，高管的新想法和新战略的发现能力逐渐下降，经验丰富的高管的决策会越来越趋于保守，进而减少研发投入。而一些即将退休的管理者，由于考虑到研发的回报可能会低于短期工资及奖金，所以可能降低研发投入。但是也有学者提出不同观点，例如，郭婧（2016）通过对沪深 A 股 2010 ~ 2014 年上市公司的数据研究发现，管理者年龄与企业研发投入呈现显著正相关关系。

（三）管理者学历与企业创新

从管理者学历方面的角度来看，通常认为受教育水平与管理者的专业技术能力和思维方式高度相关，管理团队的平均学历越高，其适应能力及分析能力也更强，更能接受新变化、面对新挑战，在复杂的经营环境中做出更为明智的战略选择。吴斌和黄明峰（2011）发现，管理者学历对企业创新起到显著的正向影响。汤颖梅和王怀明等（2011）通过对特定行业的公司的 CEO 特征、风险偏好和研发支出的研究，得出 CEO 学历会影响其风险偏好，进而影响公司研发投资水平的结论。

三、管理者激励与企业创新

近年来，激励与企业创新的关系是学者们研究的重要话题。学术界普遍认为，管理者激励对企业创新有显著的促进作用，而这种促进作用是通过影响企业家创新精神来实现的。例如，方军雄（2009）提出，我国企业正在不断改进与完善管理者的薪酬激励机制，此举措有利于企业的发展，高层管理者的薪酬激励与企业的经营业绩之间存在显著的关联。

目前，有许多研究是围绕薪酬激励对企业创新水平的影响程度展开的。薪酬作为一种经济补偿的手段是企业对员工为企业贡献劳动力、创造相关价值的回报。作为公司治理的有效手段，薪酬合同可以有效缓解和协调企业所有者与管理者之间的利益冲突，聘请到与企业发展理念一致的高层管理者且仅需付出最合理的低成本，达到双方之间的利益趋同。有的学者则通过对激励的作用机理进行分析，或通过对管理者薪酬激励与股权激励进行划分，研究它们对管理者的作用并实证研究其与企业创新的关系。

刘绍娓和万大艳（2013）以及周仁俊等（2010）学者研究高管薪酬与国有和非国有公司的绩效之间的关系后发现，两者呈现显著正相关，且在非国有样本中这一因素的影响更加明显。辛清泉等（2007）通过分析得出，年薪制确实是一种对企业高层管理者进行薪酬激励的有效手段。

一些学者也通过对管理者持股比例进行研究，尝试验证股权激励与管理者创新的关系。汉森和宋（Hanson and Song，2000）的研究表明，管理层持股对提升企业绩效有重要影响，甚至可以推动企业创新。但是，也不乏小部分国外学者的研究实验显示，股权激励并不会对企业创新起到实质性作用。

第三章　企业家精神与企业创新绩效关系的实证研究

当前，我国经济正处于市场化进程和经济产业转型的关键时期，企业创新与企业发展乃至经济发展息息相关。习近平总书记在科学家座谈会上就“十四五”时期我国科技创新事业发展发表意见，他强调，中国民生改善和经济社会发展对科技创新的要求比以往任何时候都要高，必须坚持把创新作为第一动力。无论在哪个行业，一家企业究竟是扮演行业领导者还是模仿追随者的角色，其创新水平和创新能力起着决定性的作用。企业创新是公司管理者设计创新目标和计划、选择方案、组织员工执行的一系列创新活动的过程。企业通过实现创新目标来获得企业价值最大化。现阶段，我国企业的创新能力仍然不足，一些企业或缺乏建立创新系统的能力，或缺乏高层的公司设计，或缺乏创新人才，或缺乏创新管理系统，阻碍了公司的发展。企业的自主创新能力关乎企业的生存与发展，也是一个国家经济保持持续增长的基础。

然而，如何推动企业创新和企业发展，往往与项目决策者有很大关联。对一个企业来说，从日常的运营到项目实施，都离不开企业家（很多情况下，即为管理者）的参与，企业的发展方向受管理者思想所左右。在企业的日常业务活动中，作为重要的决策者，管理者通常直接决定公司的市场定位和战略选择。企业的高层管理者需要对日常生产工作进行管理，积极寻找新的发展机遇以谋求企业的高速发展，实现企业价值最大化。企业资源调配和资金使用在很大程度上都是由企业管理者掌握。因此，企业家（管理者）在推动企业创新上发挥巨大的作用。换言之，企业家精神是否配置到创新活动，会对该企业的创新绩效产生较大的影响。

优秀的管理者必须有激发员工热情、推动企业长足发展的能力。管理者的个人特征通常会影响管理者的思想观念和决策选择，进而影响管理者企业家精神的配置方向，从而很大程度上决定该企业的发展路线和战略选择。也就是说，管理者的个人特征是影响其创新行为、创新决策的重要因素，决定着企业的战略策划和发展规划，对企业创新起到决定性作用。

通过第二章的文献综述可以得出结论：目前，关于企业创新的研究大多数是从企业外部环境和内部治理结构等特性对企业创新行为的影响展开的，较少从管理者个人特征的角度和管理者激励的角度进行分析。现有研究仍然存在究竟是企业创新选择了管理者特征，还是管理者特征对企业创新产生了影响的内生性问题，尚未得到很好的解决。因此，本章研究选择从企业家（管理者）个人特征的角度，运用实证研究方法，深入分析企业家个人特征对企业创新的作用机制。

本章是本书的重点章节，也是企业家精神差异化配置与企业创新绩效关系的实证研究部分。本章将着重从管理者个人特征入手，通过对企业管理者年龄、性别、受教育水平、激励方式等特征进行分析，与企业研发投入金额数量相挂钩，分析这些因素对于企业创新的影响。本章的研究可以丰富管理者个人特征与激励对企业创新程度关系的相关理论研究，具有一定的理论意义。此外，本章研究可为企业应该聘用具有何种特征的管理者提供理论支持，为完善企业管理者任用制度、激励约束政策的制定从而提高企业创新水平提供必要的实证数据支撑，具有重要的现实意义。

第一节 理论分析与假设提出

一、理论基础

（一）高层梯队理论

哈姆立克和梅森（1984）在他们的研究中提出“高层梯队理论”，认为管理者的特征将影响其战略选择，而战略选择将影响整个企业的行为。管理者个人特征对企业绩效起到举足轻重的影响，管理者能力越强，则企业创新的能力就越强。因此，企业的业绩和战略决策过程高度依赖于管理者的认知能力、思维方式和价值观。但是，在实践中，没有更多的科学方法可以测量高层管理人员的心理构成，然而高层管理人员的人口统计特征（如年龄、性别、教育程度等）相对容易测量。这些因素极大地影响了管理者的认知能力和勇气。因此，一般将人口统计数据作为变量来客观地研究高级管理团队与公司绩效之间的关系。

（二）激励理论

激励理论是心理学和管理学两个学科交叉产生的新理论，其研究主要围绕人的“需要”展开。在实务领域，激励理论已经被广泛地应用于企业员工激励和企业人力资源管理。该理论的主要研究内容包括：如何有效运用激励方法，满足员工需求并调动员工的积极性和创造性，以充分发挥企业员工的智力能力，提升其敬业程度和创新意识。

其中，美国心理学家马斯洛（Maslow）于1943年提出马斯洛需求层次理论，把人的需求划分为五个层次。这五种需求呈金字塔结构排列，人们的动机是满足自己的需求，并从中受到激励。

双因素理论由心理学家弗里德里克·赫茨伯格（Fredrick Herzberg）提出。该理论认为，某些因素可能使员工感到满足，而其他因素可能导致他们感到不满意。双因素理论将激励因素分为两类：一是激励因素，这来自工作本身，会给员工带来积极的满足感；二是保健因素，指的是不可或缺的、工作本身以外的因素，如公司政策、管理实践、工资薪金等因素。

随着越来越多学者的关注，激励理论日渐完善。学者们普遍认为，货币薪酬激励，只能满足企业管理者的低层次需求，让他们用所得的资金进行日常生活。但企业管理者不会因为获得了固定工资就感到满足、自愿付出更多的劳动、承担多余的风险。然而，对企业管理者采取股权激励，将其自身利益与企业的经营绩效密切关联，可以增强其管理意识，管理者会为了自身利益最大化付出更多的努力，同时获得满足感与成就感。

二、研究假设

（一）管理者个人特征与企业创新

很多研究表明，管理者在风险承担能力、公司治理理念以及战略选择等方面具有显著的性别差异。现实中，大多数企业在高管选择上存在性别歧视，这部分企业出于企业效益考虑，更愿意选择男性作为企业高管。从心理学的角度来看，一般认为男性管理者的决断力与领导力优于女性管理者，但也有学者持不同意见。赵慧军（2001）研究发现，中国男性管理者在应对风险和企业创新方面略优于女性管理者。然而，曾萍（2012）的研究表明，相比于男性高管来说，女性高管心思更加细腻，更善于倾听和表达，能够敏锐地发现企业中存在的问题。男性高管由于没有像女性高管一般拥有细腻的情感，有些男性高管不善于倾听公司员工的看法和意见，因而可能错过一些优秀的想法，这不利于企业创新活动的有效展开。而且男性高管的风险厌恶和谨慎度低于女性高管，也可能对公司产生不良影响。随着社会的发展，女性在企业创新中的作用越来越突出，许多女性管理者取得了突出的成就。因此，性别与企业创新关系的研究越来越具有现实意义。

基于上述分析，本书做出以下假设。

H3 -1：管理者的性别与企业创新显著相关，男性管理者对企业创新有积极影响。

管理者的年龄不同，往往会导致管理经验和社会经验的差异。这种差异会体现在企业的价值取向、适应能力和风险承受能力上，在一定程度上影响企业的竞争力和创新能力。有些学者认为，管理者年龄越大，所拥有的相关经历越丰富，这些经验是年轻管理者在理论知识学习中无法获得的，因此，富有经验的管理者会将理论与经验相结合使企业少走一些弯路，从而取得成功。而且许多年长的管理者可能已经实现了马斯洛“需求理论”中的自我实现层次，因而更有动力去进行企业研发活动，不会过分看重短期的经济效益，而更愿意通过研发创新的成功来实现自我价值。但是，佩尔托迈基等（Peltomaki et al.，2018）发现，高管年龄的差异和其他因素将影响公司的风险承担，高管年龄越大，企业的风险承受度就越低，越不愿进行投资。德肖和斯隆（1991）也指出，年长的管理者发现新想法和新战略的能力逐渐下降，而越趋丰富的经验往往会让高管的决策趋于保守，导致研发投入的减少。而一些即将退休的管理者，由于考虑到研发性资本支出在短期内可能导致工资及奖金收入减少，因而可能会削减企业研发投入。

基于上述分析，本书做出以下假设。

H3 -2：管理者的年龄与企业创新显著负相关，年轻的管理者对企业创新有积极影响。

在大多数人的认知中，学历往往是个人能力的象征和表现。一般来说，管理者的学历越高，学习能力会越强，越有敏锐的嗅觉去感知和发现新事物和新机会，及时抓住机会，把握机遇。受教育水平高的管理者在身处复杂环境时，通常懂得如何利用自己所掌握的知识，结合自身综合能力迅速并合理地应对，这是现代企业在经营管理活动中对管理者能力的重要要求。受教育程度越高的管理者，其知识结构储备更加完善，处理事情的应变能力也更好。此外，为了推动企业在竞争激烈的市场中崭露头角，高学历管理者往往会更加重视企业的创新水平，努力提升企业的核心竞争力。相较而言，低学历的企业管理者由于知识水平和认知能力的相对局限性，在战略选择上往往注重短期利益，不愿尝试短期影响绩效但长期有利于企业价值的创新行为。因此，低学历的企业管理者做出的决策可能相对保守，往往满足于现状。萨伊德等（Saeed et al.，2019）发现，企业 CEO 的政治关系和文化程度与企业国际化呈正相关，进而推动企业创新。但也有少数学者研究表明，管理者学历与企业创新绩效之间的关系并不显著，学历高的人更容易坚持自己的观点，不愿意接受别人的建议和新观点，他们相信自己的直觉，认为其决策更有利于企业的发展，这在一定程度上也可能阻碍企业创新。

基于上述分析，本书做出以下假设。

H3－3：管理者的学历与企业创新显著正相关，高学历的管理者对企业创新有积极影响。

（二）管理者激励与企业创新

激励是管理学上处理需求、动机、行为、目标之间关系的重要手段，同时，对于管理者自身同样有效。行为学认为，正是因为人有了生理需求、安全需求、价值需求等，才会激发人们为了满足需求而产生动机，从而有了可追求的目标，诱发人们的行为。激励就是让激励对象产生满足需求的动机，抓住其需求，激励其制定目标，从而影响最终的行为。高管的薪酬是由其个人能力和贡献度等因素综合决定的，是公司股东对其管理者能力的肯定，股东希望管理者能够引领公司的成长和发展。李春涛（2005）通过对上市公司数据的调查研究发现，管理者薪酬激励有助于提高管理者的企业创新研发投入意愿，从而提高企业创新发展水平，增强企业的核心竞争力。通过薪酬提供物质奖励，增加管理者对企业创新的重视，在面对企业创新带来的短期绩效压力时，较高的薪酬激励会弥补这种压力，促进其创新投入。

基于上述分析，本书做出以下假设。

H3－4：管理者薪酬与企业创新显著正相关，较高的管理者薪酬水平对企业创新有积极影响。

大多数学者认为，允许管理者成为公司股东并持有公司股票可以有效降低代理成本，而且可以作为一种激励机制帮助公司提高绩效。建立股权期权激励机制可以增加企业管理者的认同感和归属感，使其更加关注公司的长远利益，以获得丰厚的股权升值回报。一般来说，持股管理者更愿意接受创新带来的短期收入下降问题，会有更强的创新意愿，这有助于提升公司的竞争力和价值。王文华等（2014）研究发现，管理者持股与企业创新投资的关系是显著正相关的。但是也有部分学者认为管理者持股与企业创新的关系并不明显。

基于上述分析，本书做出以下假设。

H3 -5：管理者持股与企业创新显著正相关，管理者持股对企业创新有积极影响。

第二节　样本及计量经济模型的设定

一、样本选取和数据来源

本书采用2019年A股、B股上市公司的数据作为研究样本，采用的数据涉及多种行业，能够提高研究结果的普适性，有助于更加透彻地分析管理者个人特征与企业创新之间的关系。在前述分析的基础上，通过如下方式对初始数据样本进行筛选：剔除ST、*ST类公司，即剔除掉有财务状况或其他异常情况的股票。若某只股票被标注ST，则表明该股票存在投资风险，是对市场的警示；标注*ST的股票为可能面临退市风险的股票。总体来说，这两种类型股票的企业存在的问题可能会导致其数据存在异常现象，因此，本书对这类数据给予剔除。此外，还剔除一部分数据缺失或者有异常现象的公司，最大限度地保证数据的可靠性。

对此，本书共得到2019年1590家上市公司的数据样本。值得指出的是，本书根据我国企业的特征，选择企业董事长作为管理者代表和主要研究对象。本书所有的数据主要来自国泰安数据库（CSMAR）和网络数据，部分缺失数据通过公司年报摘录得出。

二、变量设计

本章探究的是管理者特征和管理者激励对企业创新的影响。结合前述的分析可知，企业创新是因变量，管理者特征是自变量，具体测量指标如下。

（一）因变量

本书研究的因变量是企业创新，不同学者在衡量企业创新的指标上采用的方式并不相同，本书选用研发投入金额数量取对数作为衡量企业创新的因变量。

（二）自变量

（1）管理者性别：赋值1为男性，赋值0为女性。

（2）管理者年龄：由国泰安上公司年报信息表格所得。

（3）管理者学历：根据国泰安上公司年报信息所得，对其根据学历进行赋值，从中专及其以下、大专、本科、硕士、博士、其他（以其他形式公布的学历，如荣誉博士、函授等）、MBA/EMBA分别赋值为1～7。

（4）管理者薪酬：根据国泰安年报上管理者报告期报酬总额，对其取对数值。

（5）管理者持股比例：根据国泰安年报上管理者年末持股数，除以总股本得出的结果。

（三）控制变量

实务领域的经验显示，企业创新投入水平在不同程度上受到一系列企业特征的影响，体现为一系列企业特征指标和财务指标。这些因素可能会对本书研究结果产生影响，因此需要加以控制。其中，本书选取三个主要的影响因素作为模型的控制变量，包括企业规模、资本结构和盈利状况。除此之外，由于企业间存在多个方面的不同，同样会对研究变量间关系产生影响，因此，本书也对这些因素进行了相应的控制。

1. 企业规模

企业规模的大小会对其用于研发投入的资金数量产生影响。企业规模的大小也能够反映该企业所拥有多少的可支配资源，本书采用各个企业的总资产取对数来测量企业规模，即企业规模（Lnsize）=Ln（年末公司总资产）。

2. 资本结构

本书采用资产负债率来衡量企业的资本结构，即公司期末总负债除以期末总资产，该指标能反映企业的财务杠杆水平。企业外部负债越少，负债与资产比率越低，债务压力越低，支持创新活动的研发投入资金就越充足，即企业资产负债率（Lev）=企业期末总负债/企业期末总资产。

3. 盈利状况

本书采用资产收益率（Roa）来衡量企业盈利状况，即企业单位资产能够产出的利润。盈利状况越好的企业，其资产收益率数值也越大，即资产收益率（Roa）=企业净利润/总资产。

本书各变量具体名称和定义见表3-1。

表3-1　　各变量名称及定义

变量类型	变量名称	变量符号	变量定义
因变量	研发投入金额	Rda	研发投入金额数量取对数
自变量	性别	Sex	男性赋值1，女性赋值0
	年龄	Age	由国泰安上公司年报信息表格所得
	学历	Edu	对其根据学历分别赋值为1~7
	薪酬	Mc	管理者报告期报酬总额取对数值
	持股比例	Grate	管理者年末持股数/总股本
控制变量	企业规模	Size	企业总资产取对数值
	资本结构	Lev	企业期末总负债/总资产
	盈利状况	Roa	企业净利润/总资产

第三节　假设检验

一、模型的建立

基于前述的分析，结合文献回顾，本书构建了以下五个模型，对上市公司的管理者特征与企业创新的关系进行检验分析。同时，为了避免存在共线性关系的管理者个人特征可能会影响研究结果，将对各个变量分别做回归，排除可能的影响。

（1）管理者性别与企业创新关系的模型构建：

$$Rda_{it} = \beta_0 + \beta_1 Sex + \beta_6 Size + \beta_7 Lev + \beta_8 Roa \qquad (3-1)$$

（2）管理者年龄与企业创新关系的模型构建：

$$Rda_{it} = \beta_0 + \beta_2 Age + \beta_6 Size + \beta_7 Lev + \beta_8 Roa \quad (3-2)$$

（3）管理者学历与企业创新关系的模型构建：

$$Rda_{it} = \beta_0 + \beta_3 Edu + \beta_6 Size + \beta_7 Lev + \beta_8 Roa \quad (3-3)$$

（4）管理者薪酬与企业创新关系的模型构建：

$$Rda_{it} = \beta_0 + \beta_4 Mc + \beta_6 Size + \beta_7 Lev + \beta_8 Roa \quad (3-4)$$

（5）管理者持股比例与企业创新关系的模型构建：

$$Rda_{it} = \beta_0 + \beta_5 Grate + \beta_6 Size + \beta_7 Lev + \beta_8 Roa \quad (3-5)$$

二、描述性统计分析

在假设检验之前，本书对经过处理后的数据用进行了描述性统计分析，使用的是 SPSS 21.0 软件，具体结果见表 3－2。

表 3－2　　各变量的描述性统计分析

变量	N	极小值	极大值	均值	标准差
研发投入（Rda）	1576.000	10.952	22.989	18.126	1.269
性别（Sex）	1576.000	0.000	1.000	0.940	0.239
年龄（Age）	1576.000	25.000	80.000	54.510	7.611
学历（Edu）	1576.000	1.000	7.000	3.660	1.456
薪酬（Mc）	1576.000	9.210	16.780	13.563	0.766
持股比例（Grate）	1576.000	0.000	0.727	0.179	0.158
企业规模（Size）	1576.000	19.402	27.149	21.981	1.114
资本结构（Lev）	1576.000	0.023	4.596	0.384	0.217
盈利状况（Roa）	1576.000	－0.847	0.526	0.041	0.094
有效的 N（列表状态）	1576.000				

（一）自变量的数据特征

管理者性别的均值为 0.94，说明研究样本中的高管团队约 94% 为男性，由此可见，在企业管理层面大部分决策者是男性。

管理者年龄均值为 54.51，年龄分布在 25～80，标准差是 7.611，说明上市企业的管理者年龄层是较为分散的。但是，作为企业核心管理层，我国上市企业高管的总体年龄偏大，拥有较为丰富的经验，他们是推动企业发展的中坚力量。

管理者学历的均值为3.66，说明在上市公司中管理者的学历水平主要是本科水平，距离研究生水平还有一定的距离，总体学历分布相对比较分散。

管理者薪酬方面，表3－2中薪酬数据是根据管理者年薪取对数后的数值。数据显示，管理者薪酬的均值约为13.56，方差约为0.77，取值范围为9.21～16.78。总体薪酬差异较小。

持股比例方面，数据显示，管理者持股比例的均值约为0.18，其中标准差约为0.16，分布较为集中。

（二）因变量的数据特征

研发投入反映的是企业的创新投入水平，最小值约为10.95，最大值约为22.99，均值约为18.13，标准差约为1.27。由此可见，我国上市公司由于所处的产业环境不同、管理者特征不同，导致创新投入的差距还是比较大的，整体创新水平较低。

（三）控制变量的数据特征

企业规模最大值约为27.15，最小值约为19.40，差距较大，说明数据样本提供的上市公司规模差异较大，这也能更好地反映现实企业中的实际情况；资产负债率最大值约为4.60，最小值约为0.02，反映资本结构在不同企业之间也有较大差异；盈利状况的最大值约为0.53，最小值约为－0.85，可见，部分企业处在亏损状态，盈利水平普遍较低。

三、多元回归分析

本书研究使用现实数据库提供的数据，使用SPSS软件进行回归分析，分别对各个变量对企业创新的影响程度进行回归，具体结果如下所示。

（一）管理者性别与企业创新

由表3－3可知，管理者性别的回归系数为正数，且管理者性别与企业创新在0.05水平上线性关系显著，H3－1得到验证。回归结果表明，男性管理者在企业创新中起到重要作用，男性管理者勇于挑战、风险承受能力较强，对推动企业创新的影响力较大。但是由于数据中女性管理者人数较少，对其结果的真伪性也需要做出进一步的检验。

表 3-3 管理者性别与企业创新检验结果系数[a]

模型 1	非标准化系数		标准系数	t	Sig.	共线性统计量	
	B	标准误差	beta			容差	VIF
（常量）	2.172	0.541		4.016	0.000		
性别	0.278	0.105	0.052	2.642	0.008	0.998	1.002
企业规模	0.718	0.025	0.630	28.252	0.000	0.791	1.264
资本结构	-0.306	0.143	-0.052	-2.139	0.033	0.659	1.517
盈利状况	0.763	0.299	0.057	2.552	0.011	0.801	1.248

注：a. 因变量：研发投入。

（二）管理者年龄与企业创新

由表 3-4 可知，管理者年龄与企业创新的回归系数为负数，且管理者年龄与企业创新在 0.05 水平上不存在显著线性关系，H3-2 没有得到验证。说明在上市企业中管理者的年龄对企业创新水平的影响较小。从传统观念来看，年轻的管理者可能更富有创造力，年长的管理者在企业经营方面可能会墨守成规。但是，不容忽视的是，有些年轻管理者由于缺乏企业管理经验，不敢擅自推动企业创新，而年长的管理者因为拥有丰富的经验，更有能力推动企业创新。正是这些原因导致管理者年龄与企业创新之间没有显著关系。

表 3-4 管理者年龄与企业创新检验结果系数[a]

模型 2	非标准化系数		标准系数	t	Sig.	共线性统计量	
	B	标准误差	beta			容差	VIF
（常量）	2.588	0.552		4.686	0.000		
年龄	-0.005	0.003	-0.028	-1.416	0.157	0.990	1.010
企业规模	0.723	0.026	0.635	28.305	0.000	0.786	1.272
资本结构	-0.320	0.144	-0.055	-2.223	0.026	0.657	1.523
盈利状况	0.744	0.299	0.055	2.486	0.013	0.802	1.247

注：a. 因变量：研发投入。

（三）管理者学历与企业创新

由表 3-5 可知，管理者学历与企业创新的回归系数为正数，且管理者年龄与企业创新在0.05水平上存在显著线性关系。回归分析的结果验证了H3-3，说明管理者学历能够促进企业创新。受教育程度越高的管理者，掌握的知识范围越广，创造性思维越开阔，更能推动企业提升创新水平。

表3-5　管理者学历与企业创新检验结果系数[a]

模型3	非标准化系数		标准系数	t	Sig.	共线性统计量	
	B	标准误差	beta			容差	VIF
（常量）	2.282	0.536		4.257	0.000		
学历	0.046	0.017	0.053	2.652	0.008	0.995	1.005
企业规模	0.717	0.025	0.630	28.225	0.000	0.791	1.265
资本结构	-0.318	0.143	-0.054	-2.219	0.027	0.659	1.518
盈利状况	0.752	0.299	0.056	2.515	0.012	0.802	1.247

注：a. 因变量：研发投入。

（四）管理者薪酬与企业创新

由表3-6可知，管理者薪酬与企业创新的回归系数为正数，且管理者年龄与企业创新在0.05水平上的线性关系显著，H3-4得到充分验证。说明在上市企业中，管理者的薪酬高低在很大程度上与该企业的创新水平有直接关联。上市企业可通过建立有效的管理层薪酬制度来激励企业管理者，鼓励管理者用心经营、管理好企业，从而提高企业创新水平和盈利水平。管理者在物质生活上得到满足，能够给予管理者更多时间和精力用于企业经营投资等活动，推动企业发展。

表3-6　管理者薪酬与企业创新检验结果系数[a]

模型4	非标准化系数		标准系数	t	Sig.	共线性统计量	
	B	标准误差	beta			容差	VIF
（常量）	1.552	0.602		2.577	0.010		
薪酬	0.109	0.036	0.066	3.034	0.002	0.840	1.191
企业规模	0.691	0.027	0.606	25.470	0.000	0.694	1.442
资本结构	-0.278	0.143	-0.047	-1.940	0.053	0.656	1.523
盈利状况	0.609	0.302	0.045	2.019	0.044	0.786	1.273

注：a. 因变量：研发投入。

（五）管理者持股比例与企业创新

由表3－7可知，虽然管理者持股比例与企业创新的回归系数为正数，但是并不显著，H3－5没有得到验证。通常情况下，持有公司股份的管理者会更加关注企业的长远发展，因而有更强的意愿进行创新方面的投资，以提升企业价值。但是本书研究的回归结果却发现，管理者持股比例与企业创新并无显著相关关系。对此，本书提出如下猜测：因为资本市场并非完全理性，且存在信息不对称的情况，所以在实践中，企业的短期盈利能力指标仍然被用作管理者持股回报的主要考核指标。因此，在一定程度上，管理者可能更愿意关注短期利润。然而企业创新需要投入大量资本，且回收期通常较长，短期内可能会对企业盈利水平造成负面影响。另外，一旦创新项目失败，管理者需要承担责任，也会在一定程度上降低管理者的创新意愿。

表3－7 管理者持股比例与企业创新检验结果系数[a]

模型5	非标准化系数		标准系数	t	Sig.	共线性统计量	
	B	标准误差	beta			容差	VIF
（常量）	2.138	0.577		3.705	0.000		
持股比例	0.205	0.172	0.025	1.193	0.233	0.870	1.150
企业规模	0.730	0.027	0.641	27.214	0.000	0.713	1.403
资本结构	－0.307	0.143	－0.052	－2.141	0.032	0.659	1.517
盈利状况	0.707	0.301	0.052	2.354	0.019	0.795	1.257

注：a. 因变量：研发投入。

第四节 稳健性检验

一、重新选定因变量进行稳健性检验

为了验证本书研究结果的可靠性，本书重新选定研发强度（即研发支出/总资产）作为因变量，在其他条件不变的情况下进行稳健性检验。再次回归的结果见表3－8至表3－12。

表 3-8　　管理者性别与研发强度检验结果系数[a]

模型 1	非标准化系数		标准系数	t	Sig.	共线性统计量	
	B	标准误差	beta			容差	VIF
(常量)	0.122	0.013		9.140	0.000		
性别	0.007	0.003	0.064	2.594	0.010	0.998	1.002
企业规模	-0.004	0.001	-0.192	-6.977	0.000	0.791	1.264
资本结构	-0.006	0.004	-0.052	-1.735	0.083	0.659	1.517
盈利状况	0.017	0.007	0.062	2.261	0.024	0.801	1.248

注：a. 因变量：研发强度。

表 3-9　　管理者年龄与研发强度检验结果系数[a]

模型 2	非标准化系数		标准系数	t	Sig.	共线性统计量	
	B	标准误差	beta			容差	VIF
(常量)	0.137	0.014		10.061	0.000		
年龄	0.000	0.000	-0.069	-2.817	0.005	0.990	1.010
企业规模	-0.004	0.001	-0.183	-6.643	0.000	0.786	1.272
资本结构	-0.007	0.004	-0.058	-1.914	0.056	0.657	1.523
盈利状况	0.016	0.007	0.061	2.215	0.027	0.802	1.247

注：a. 因变量：研发强度。

表 3-10　　管理者学历与研发强度检验结果系数[a]

模型 3	非标准化系数		标准系数	t	Sig.	共线性统计量	
	B	标准误差	beta			容差	VIF
(常量)	0.124	0.013		9.396	0.000		
学历	0.001	0.000	0.075	3.038	0.002	0.995	1.005
企业规模	-0.004	0.001	-0.193	-7.016	0.000	0.791	1.265
资本结构	-0.006	0.004	-0.055	-1.829	0.068	0.659	1.518
盈利状况	0.016	0.007	0.061	2.234	0.026	0.802	1.247

注：a. 因变量：研发强度。

表 3 - 11 管理者薪酬与研发强度检验结果系数[a]

模型 4	非标准化系数		标准系数	t	Sig.	共线性统计量	
	B	标准误差	beta			容差	VIF
（常量）	0.104	0.015		7.020	0.000		
薪酬	0.003	0.001	0.090	3.382	0.001	0.840	1.191
企业规模	-0.005	0.001	-0.225	-7.667	0.000	0.694	1.442
资本结构	-0.005	0.004	-0.046	-1.516	0.130	0.656	1.523
盈利状况	0.013	0.007	0.046	1.685	0.092	0.786	1.273

注：a. 因变量：研发强度。

表 3 - 12 管理者持股比例与研发强度检验结果系数[a]

模型 5	非标准化系数		标准系数	t	Sig.	共线性统计量	
	B	标准误差	beta			容差	VIF
（常量）	0.129	0.014		9.024	0.000		
持股比例	-0.001	0.004	-0.006	-0.220	0.826	0.870	1.150
企业规模	-0.004	0.001	-0.192	-6.611	0.000	0.713	1.403
资本结构	-0.006	0.004	-0.052	-1.734	0.083	0.659	1.517
盈利状况	0.016	0.007	0.060	2.194	0.028	0.795	1.257

注：a. 因变量：研发强度。

由表 3 -8、表 3 -10、表 3 -11 的验证结果可知，管理者性别、管理者学历、管理者薪酬与企业创新水平之间仍然呈显著的线性关系，而管理者年龄和持股比例依然没有呈现显著线性关系，与前述检验结果相符。变更因变量测量方法后，研究结果仍然稳健。

二、变更数据进行稳健性检验

为检验不同时间跨度对本书研究结果的可能影响，本书选用 2018 年数据（同口径）再次进行稳健性分析，沿用研发投入作为因变量，以管理者性别、年龄、学历、薪酬和持股比例为自变量，控制变量仍然选用企业规模、资本结构和盈利状况。再次回归的结果见表 3 -13 至表 3 -17。

表 3-13　　　　管理者性别与企业创新检验结果系数[a]

模型 1	非标准化系数		标准系数	t	Sig.	共线性统计量	
	B	标准误差	beta			容差	VIF
（常量）	2. 200	0. 579		3. 800	0. 000		
性别	0. 157	0. 116	0. 028	1. 355	0. 176	0. 997	1. 003
企业规模	0. 721	0. 028	0. 623	26. 160	0. 000	0. 734	1. 362
资本结构	-0. 486	0. 173	-0. 074	-2. 803	0. 005	0. 602	1. 662
盈利状况	0. 076	0. 238	0. 007	0. 318	0. 750	0. 767	1. 303

注：a. 因变量：研发投入。

表 3-14　　　　管理者年龄与企业创新检验结果系数[a]

模型 2	非标准化系数		标准系数	t	Sig.	共线性统计量	
	B	标准误差	beta			容差	VIF
（常量）	2. 559	0. 589		4. 343	0. 000		
年龄	-0. 006	0. 004	-0. 034	-1. 682	0. 093	0. 990	1. 010
企业规模	0. 727	0. 028	0. 628	26. 272	0. 000	0. 728	1. 373
资本结构	-0. 503	0. 174	-0. 076	-2. 898	0. 004	0. 599	1. 669
盈利状况	0. 069	0. 238	0. 007	0. 290	0. 772	0. 768	1. 303

注：a. 因变量：研发投入。

表 3-15　　　　管理者学历与企业创新检验结果系数[a]

模型 3	非标准化系数		标准系数	t	Sig.	共线性统计量	
	B	标准误差	beta			容差	VIF
（常量）	2. 208	0. 573		3. 851	0. 000		
学历	0. 043	0. 018	0. 048	2. 349	0. 019	0. 995	1. 005
企业规模	0. 721	0. 028	0. 622	26. 172	0. 000	0. 734	1. 362
资本结构	-0. 496	0. 173	-0. 075	-2. 861	0. 004	0. 601	1. 663
盈利状况	0. 083	0. 238	0. 008	0. 347	0. 729	0. 767	1. 303

注：a. 因变量：研发投入。

表 3-16　　管理者薪酬与企业创新检验结果系数[a]

模型 4	非标准化系数		标准系数	t	Sig.	共线性统计量	
	B	标准误差	beta			容差	VIF
（常量）	1. 605	0. 639		2. 513	0. 012		
薪酬	0. 091	0. 036	0. 055	2. 508	0. 012	0. 867	1. 153
企业规模	0. 699	0. 029	0. 604	24. 054	0. 000	0. 659	1. 518
资本结构	-0. 468	0. 173	-0. 071	-2. 704	0. 007	0. 601	1. 664
盈利状况	0. 027	0. 239	0. 003	0. 114	0. 909	0. 763	1. 310

注：a. 因变量：研发投入。

表 3-17　　管理者持股比例与企业创新检验结果系数[a]

模型 5	非标准化系数		标准系数	t	Sig.	共线性统计量	
	B	标准误差	beta			容差	VIF
（常量）	1. 996	0. 616		3. 238	0. 001		
持股比例	0. 253	0. 180	0. 031	1. 410	0. 159	0. 874	1. 144
企业规模	0. 736	0. 029	0. 635	25. 347	0. 000	0. 663	1. 509
资本结构	-0. 488	0. 173	-0. 074	-2. 816	0. 005	0. 602	1. 662
盈利状况	0. 047	0. 239	0. 005	0. 197	0. 844	0. 764	1. 309

注：a. 因变量：研发投入。

由表 3-15 和表 3-16 的分析结果可知，管理者学历和管理者薪酬与企业创新水平之间仍然呈现显著的线性关系；而本次检验结果的管理者性别与企业创新的线性关系不显著，这与前述检验结果不同。这主要是由于上市公司数据中女性管理者人数较少（样本中的高管团队约 94% 为男性）对回归结果的稳健性造成的影响。

第五节　本章研究结论

企业得以生存并不断发展需要创新的推动，国家向前发展需要创新作为根本保障。而“人”在其中发挥着主导作用，人的主观能动性是企业创新的源泉，是国家创新的引擎。对于企业来讲，管理者身为企业运营的核心，对企业前进方向的影响不言而喻，在企业战略的决策与执行上发挥着不可替代的作用。

因此，本章研究基于高层阶梯理论和激励理论，选取了五个解释变量，实证研究了管理者个人特征与企业创新的关系。根据研究假设和相应的实证分析结果可以得出以下结论：（1）较高的管理者学历可以促进企业创新；（2）薪酬激励管理者有助于推动企业创新。这两个管理者特征与企业创新呈显著正相关。这表明，学历高的管理者和薪酬水平高的管理者更有利于促进企业创新。管理者的性别、年龄、持股比例与企业创新没有显著相关，表明这三个管理者特征对上市公司创新没有实质性影响。

本章是本书的重点章节。通过回归分析，本章验证了企业家精神中管理者个人特征与企业创新之间的关联性，对解释企业家精神配置对企业创新绩效的影响有重要作用。

第四章　归属感、内部人身份认知与企业创新

企业管理者本质上是企业的核心员工。就内部因素而言，在企业创新发展的过程中，员工是最重要的因素之一。员工是企业创新最根本、最重要的因素，是企业创新的主要源泉。员工在企业发展中起着不可估量的主导作用。在企业的创新发展中，员工作为内部条件之一，是非常关键的。因此，企业想要进一步提升自己的竞争优势，应该认识到人力资源管理的重要性。从员工归属感角度考虑“员工—企业”关系，提升员工的归属感和认同度将会是企业未来战胜竞争的法宝。因此，笔者认为，在企业家精神配置与企业创新的研究中，企业员工亦是非常重要的研究视角和研究子项。本章将从企业员工的角度去解读企业家精神在企业创新中的重要作用，探究员工（包括管理者）的归属感和内部人身份认知对企业家精神正确配置的重要影响，以及对企业创新的重要推动作用。

员工归属感是企业管理实务中解决企业内部员工方面问题的重要话题。如何提升员工的归属感，成为近些年学者们关注的热点问题之一，也成为当前企业管理迫切需要解决的问题之一。良好的企业内部环境可以为员工提供轻松、愉悦、积极向上的环境氛围，不仅能够吸引优秀的创新人才，还能够激励员工不断提升自我。同时，稳定的工作氛围可以让员工更具工作使命感，积极努力完成任务，进而激发创新能力，促进企业创新发展。

目前，国内学者对于员工与企业之间关系的研究中，大部分文献仅关注企业员工在企业发展中的作用或是员工归属感的影响因素。郭晟豪和萧鸣政（2017）认为，企业提高员工归属感能够正向促进企业发展。李希萍（2013）提出，在企业创新发展中，员工作为企业创新的基本源泉，其作用不可忽视，应当不断完善企业人力资源管理，吸引新员工，挽留老员工。整体来说，现有研究大多将员工归属感和员工对企业创新的影响两个方面进行单独研究，

直接探究企业员工归属感与企业创新之间相关关系的研究较少。本书将在前人研究的基础上，通过对我国高新技术企业的员工进行问卷调查和访谈，进一步探索企业员工归属感与企业创新的内在关联，并观察内部人身份认知和员工创新行为的中介效应。本书探究较高水平的企业员工归属感能否促进企业创新，以丰富管理学相关领域的研究。

第一节 理论分析和研究假设

一、员工归属感

“归属感”一词最早由心理学家马斯洛（1954）提出，位于马斯洛需求层次理论的第三层，被视为人的基本心理需求之一。而“员工对于企业的归属感”这一概念则最早源于著名社会学家贝克（Becker，1960）提出的“组织归属感”概念。“归属感”是指员工在企业工作时期内产生的，在思想、情感、心理上对于公司的认同感、公平感、安全感、价值感、工作使命感以及成就感。

归属感的形成是一种潜移默化的过程，是受到多层次和多维度的影响因素共同作用产生的。首先，归属感的产生需要员工的预期得到满足，使员工能够对企业各方面条件产生认同感——即认同感是归属感的心理基础。其次，员工应对于企业的各项规章制度感到公平感，从而对在企业工作感到安全感，并获得价值感。在满足了这些物质和心理需求后，员工从生理上和心理上感到自己属于组织的一部分，产生了工作使命感，并积极投身于工作，员工感到自己对于企业是有价值的，会逐渐形成所谓的员工“归属感”。

如同马斯洛需求层次理论一样，员工的组织归属感的层次也极为丰富。国内外不同的研究者得出不同的结论，本书采纳的是雷洪与朱岭（1995）所归纳的组织归属感的五层次理论，见表4－1。值得注意的是，归属感的发展不是从低层次到高层次的机械运动，反而既可能呈现跳跃性变化，也可能呈现几个层次的归属感共存于同一个员工的现象。

表 4-1 组织归属感的层次

第一层	功利性归属感	物质利益和非物质利益	当满足员工物质需求时，员工表现出归属倾向；而当不具备或突然丧失该物质需求时，这一归属倾向也消失
第二层	参与性归属感	功利性影响因素依然存在	存在一种合作关系，其外在表现形式为相应的权利和义务的有机结合体
第三层	亲属性归属感	功利性成分基本不影响	使得组织员工的行为更具有规范性和方向性
第四层	目标性归属感	理性归属感倾向的初级形式	员工将企业目标内化为个人目标的心理过程
第五层	精神性归属感	理性归属倾向的高级形式	企业员工对所属企业的企业文化、宗旨深刻理解，对企业的依恋、服从、忠诚、忘我，甚至献身的高层次归属现象

优化人力资本，提高员工归属感和满意度的研究一直是我国企业实践者和理论学者们持续关注的热点。现有文献大多从员工归属感的影响因素以及如何提升员工归属感方面展开研究，张筝等（2007）从企业角度提出了影响企业培养员工归属感的七大因素。张朝抒（2010）基于薪酬差距和企业文化等方面阐述了如何提高员工归属感。刘小平（2002）基于社会交换理论研究了员工组织归属感的形成过程，认为公平的人事管理政策和企业领导对于员工的认同对员工归属感的形成起到了直接积极的影响。

基于以上分析，本书提出以下假设。

H4-1：企业员工归属感越强，企业创新绩效水平越高。

二、内部人身份认知

近几年的研究成果中，大多数学者从两个维度来衡量员工归属感：一是组织承诺；二是内部人身份认知（perceived insider status）。其中内部人身份认知在近几年的研究中比较常见，是一个较新的概念，用以反映员工的组织归属感，其直观地描述了员工与组织之间的关系。“内部人身份认知”是指员工将自己当作组织的内部人、圈内人。斯坦珀和马斯特森（Stamper and Masterson，2002）将内部人身份归入衡量员工归属感的重要维度之一。员工对于企业的归属感，是一种心理上的情感变化，而内部人身份认知能更好地契合这一心理归属的内涵。在中国文化中，也体现出类似的文化内涵：个体在感知到自己是内部人时，会更愿意加倍努力为自己的组织争取利益。王雁飞等（2014）通过实证研究表明，员工内部人身份认知能够显著正向影响员工创新行为，是员工创新行为的内在驱动因素。所以本书将此变量作为中介变量进行结构分析。

已有研究表明，内部人身份认知会显著影响员工的角色内行为和角色外行为（Stamper and Masterson，2002）。角色行为理论认为，个体对自我角色期望的内化认知会影响个体的组织角色行为。俞明传等（2014）提出，内部人身份认知能促使企业员工产生组织期望的行为和绩效。因此，当企业员工将自己视为企业的内部人时，在工作中可能会产生更强的责任感，并向企业证明自己的能力和贡献，进而能够产生更强的创新意愿和更积极的创新行为。

宋利（2017）提出，当企业员工的组织支持感越强，员工对组织的责任感和承诺就越强，就有可能为了提高工作绩效，做出更多的创新行为。而组织支持和组织承诺在某些程度上均归结于归属感范畴。王贵军（2015）基于心理契约感知角度发现，员工心理契约感知越好，其创新行为表现就越突出。心理契约感知在情感程度上与内部人身份感知具有相同之处。

基于以上分析，本书提出以下假设。

H4－2：企业员工归属感越强，内部人身份认知越强。

三、创新行为

创新行为通常可分为个人和组织创新行为。前者的研究对象是个体，后者的研究对象是组织。个体创新行为指个人用新想法去解决现存问题并为个人和组织带来正面影响。朱伟民（2006）将组织创新行为定义为新思想和新行为在组织层面上的产生和实现。个体创新行为是组织创新的必不可少的因素之一，组织创新行为需要以个体创新行为为基础。本章探讨的企业员工的创新行为在个体创新行为的研究范围之内。

基于以上分析，本书提出以下假设。

H4－3：企业员工归属感越强，员工创新行为越好。

四、归属感与企业创新绩效

学者们普遍认为员工在企业发展中起到了至关重要的作用，对此进行的理论和实证研究也证实了这个观点。但是，大部分学者仅研究员工在企业发展中的作用与影响，很少有学者基于企业员工归属感视角，研究其与企业创新发展之间的关系。刘刚（2019）认为企业创新受到内外部因素的影响，并通过实证研究发现随着员工学历、技术水平的提升，以及工龄的增加，其对企业创新的影响程度越来越大，提出观点：员工是企业创新发展的重要内部影响因素。徐剑（2012）构建了员工归属感形成机制，通过实证分析论证了企业员工归属感对于企业绩效具有一定程度的双向强化作用，即员工归属感与企业绩效呈正相关，员工归属感强的企业，其绩效也更好。这些文献为本书的研究提供了研究依据和启发。

基于以上分析，本书提出以下假设。

H4－4：企业员工归属感增强，能提高内部人身份认知，进而促使员工创新行为越好，最终促进企业创新水平不断提升。

第二节　研究设计与数据收集

一、研究设计和变量说明

本书以员工归属感为自变量，内部人身份和员工创新行为为中介变量，企业创新为因变量，对员工归属感对于企业创新的作用机制进行探讨，提出了以下模型，如图 4－1 所示。

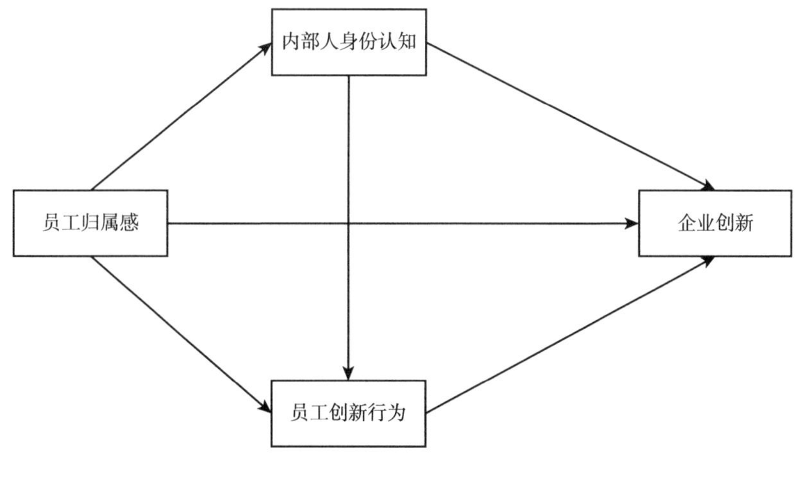

图 4－1　假设模型

本书研究的自变量为员工归属感，包含五个维度。中介变量为内部人身份认知与员工创新行为，均为单维度变量。本书研究的因变量为企业创新绩效，同样为单维度变量。在此基础上，将可能引起关键变量产生变化的控制变量加以控制，控制变量包括性别、学历、工作年限和工作岗位。

（一）自变量

员工归属感：作为自变量，该变量为隐形变量，较难衡量员工的归属感高低。本书借鉴雷洪（1995）设计的问卷量表，针对我国高新技术产业特点做了修改，问卷从五个层次十个方面进行测量，以最终分值高低来衡量该变量，如图 4－2 所示。

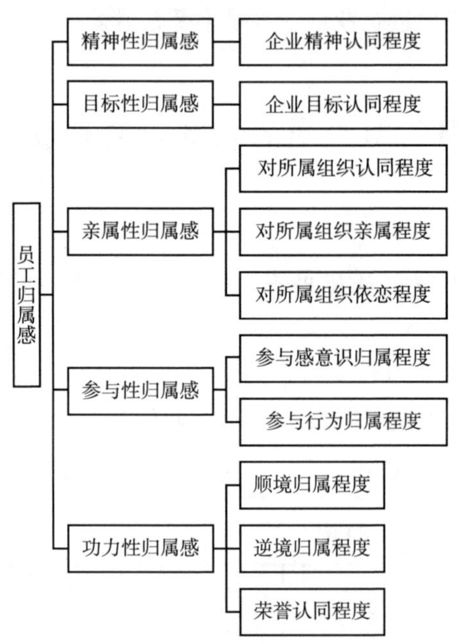

图 4－2　员工归属感量表维度

（二）中介变量

内部人身份认知：代表员工在某一特定组织内能够感知到其内部成员身份的程度。有学者将内部人身份认知等同于员工归属感，但多数学者认为两者是既相互独立，又存在关联的概念。本书采用的内部人身份认知量表来自斯坦珀和马斯特森（2002）的研究，由单因素构成。该量表有六个题项，问卷计分采用李克特量表（Likert）的五分计分法。

员工创新行为：斯科特和布鲁斯（Scott and Bruce，1994）开发了“个人创新行为量表”，提出员工创新行为分为三个步骤：一是员工在工作中产生问题，并将如何解决问题的方案初步拟定；二是对创新构想的可行性进行分析；三是提出新方案和新思想并完成创新的过程。本书从员工个人创新行为出发，通过此量表来衡量该变量，并假设内部人身份认知和员工创新行为在自变量与因变量间可能存在中介作用。

（三）因变量

正如工作绩效没有统一衡量标准一样，学术界对于企业创新绩效的衡量同样也没有一致的标准。企业绩效是一个多维的构造，测量的因素不同，得到的结果也会有所不同。因此，对企业创新绩效进行衡量就必须先分类。一般来说，对于企业创新绩效的衡量，大部分学者从企业创新投入和创新产出两个维度来构建衡量企业创新水平的指标体系。其中，创新投入一般包括研发资金投入、研发投入占销售收入的比重等，创新产出一般包括新产品销售收入、研发专利申请数量等。在这些文献中，选择创新产出作为企业创新水平指标的文献较多。

结合员工创新意愿研究的文献中，企业创新指标的选取又有不同。谢萨等（Chiesa et al.，1996）从创新过程绩效和创新能力绩效两个方面对创新绩效进行衡量。国内学者大多从技术创新绩效和管理创新绩效进行分类研究。而本书研究是针对员工归属感作用机理，所以从员工个体的创新绩效角度出发较为符合。韩翼等（2007）构建了以创新意愿、创新行动和创新结果三个维度的创新绩效评价量表。但姚艳虹等（2013）认为，动机和意愿不应该是员工创新绩效的构成部分，纳入员工创新绩效的维度来衡量创新绩效不尽准确。本书在借鉴姚艳虹等开发的量表（见图4－3）的基础上进行修改。由于本书中企业创新绩效变量主要衡量我国高新技术企业的创新效果，所以删除

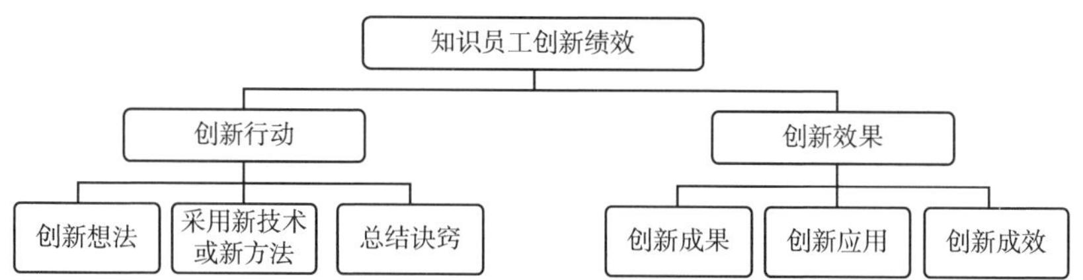

图4－3　知识员工创新绩效维度

了量表的创新行动维度，仅保留创新效果维度用以衡量企业创新绩效变量。

二、问卷量表设计

员工组织归属感测量表以华中理工大学副教授雷洪所设计的问卷为模板，针对我国高新技术产业特点做了修改；内部人身份认知量表来自斯坦珀和马斯特森（2002）的研究，由单因素构成；员工创新行为的量表参考了斯科特和布鲁斯的个体创新行为量表；创新绩效量表采用姚艳虹等开发的量表。问卷计分采用 Likert 的五分计分法，1 代表很不认同；2 代表不认同；3 代表一般；4 代表认同；5 代表很认同。

三、数据收集

为测量各变量，本书设计的问卷共包含四个量表，47 项问题。本次问卷主要被测对象为我国高新技术企业的员工，具体包括管理层员工、技术员工、销售员工、行政员工。基本条件是公司成立 1 年以上，员工人数至少 30 人。

本次问卷共分为两个阶段发放，均采用电子问卷形式进行施测。

第一阶段，在贵州省六盘水市高新技术产业园和贵阳市国家高新技术产业开发区两地共发放电子问卷 370 份，实际回收有效问卷为 342 份。

第二阶段，采用问卷星平台的样本服务发放电子问卷 200 份，实际回收有效问卷 213 份。

最终总计发放 570 份问卷，实际回收有效问卷 545 份，有效回收率为 95.6%。其中，问卷为以下情况的视为无效：（1）出现连续 8 题以上选项结果相同的。（2）公司名称未能准确填写，无法查询的。（3）填写时间不足 300 秒的。

为检验问卷量表的可靠信度，先构建一个 30 人的小组，对发放的问卷进行初步检验。通过对问卷结果的分析，初步得到各量表具有较好的信度，可以进行下一步的研究。

四、描述性统计分析

根据对回收问卷进行数据整理，得到有效样本结构分布，见表 4－2。样本根据性别、年龄、学历、工作年限、工作岗位进行了分类统计。

表 4－2　　人口变量描述性统计

项目	类别	频率（人）	占比（%）
性别	男	310	56.9
	女	235	43.1
年龄	25 岁以下	74	13.6
	25～30 岁（含 30 岁）	228	41.8
	30～35 岁（含 35 岁）	149	27.3
	35～40 岁（含 40 岁）	52	9.5
	40～45 岁（含 45 岁）	23	4.2
	45～50 岁（含 50 岁）	11	2.0
	50 岁以上	8	1.5
学历	研究生及以上	58	10.6
	本科	328	60.2
	大专	115	21.1
	高中及以下	44	8.1
司龄	1 年以下	28	5.1
	1～2 年（含 2 年）	109	20.0
	2～3 年（含 3 年）	109	20.0
	3～5 年（含 5 年）	116	21.3
	5～8 年（含 8 年）	111	20.4
	8～10 年（含 10 年）	38	7.0
	10 年以上	34	6.2
工作职务	管理人员	212	39.9
	技术人员	288	52.8
	营销人员	26	4.8
	其他	19	3.5
总计		545	100

由表 4－2 可知，在性别分布上，男性占比为 56.9%，女性为 43.1%，分布较为均衡；在年龄分布上，较为集中在 25～30 岁（含 30 岁）这一年龄段，可以看出，由于被测对象为高新技术企业，所以员工普遍年龄偏低；在学历分布上，研究生及以上为 10.6%，本科的人数较多为 328 人（60.2%），大专学历占比为 21.1%，高中及以下为 8.1%；被测者司龄分布较为均匀，1～2 年（含 2 年）、2～3 年（含 3 年）、3～5 年（含 5 年）和 5～8 年（含 8

年）四个时间段均占比为20%左右，1年以下、8～10年（含10年）和10年以上司龄的人数占比较少，分别为5.1%、7.0%和6.2%。由于本书着重研究企业的创新能力，所以在样本的测试阶段着重偏向调查了企业中的技术人员。在工作职位分布中可以看出，技术人员占比最多，达到52.8%，其次管理人员为39.9%，营销人员和其他职位分别为4.8%和3.5%。

第三节　信度、效度检验和假设检验

一、共同方法偏差检验

由于该问卷包含四个量表用以分别测量四个变量，因而可能存在同源方差的问题。本书采用哈曼（Harman）的单因子检验对所收集数据进行了共同方法偏差检验，得到未旋转的探索性因子分析中提取特征根大于1的因子共8个，最大因子方差解释率为22.983%（小于40%），故说明研究不存在严重的共同方法偏差。

（一）员工归属感量表信度检验和效度检验

员工归属感量表共含有21个题项，由表4－3可知，其整体α系数为0.834，高于一般标准0.5，说明归属感量表具有良好的可信度，可以进行后续的研究分析。

表4－3　员工归属感量表信度检验

克隆巴赫 Alpha	项数
0.834	21

进行抽样适合性检验（KMO测度）和巴特利（Bartleet's）球形检验，结果显示为：KMO值为0.877，由此可说明能够进行因子分析；Bartleet球形检验结果sig. <0.01，也进一步说明该数据可以进行因子分析，见表4－4。

表4-4　　员工归属感量表KMO和巴特利检验

KMO取样适切性量数		0.877
巴特利特球形度检验	近似卡方	1755.313
	自由度	210
	显著性	0.000

通过对量表数据进行因子分析得到表4-5，显示特征根大于1的因子共四个，得到四个因子。本书研究的量表最终将精神性与目标性合为一个维度，分别为：功利性归属感、参与性归属感、亲属性归属感和目标性归属感。四个维度的累积贡献率达到47.650%，说明该员工归属感量表的信度和效度是良好的。

表4-5　　员工归属感量表转轴后的成分矩阵[a]

项目	成分			
	1	2	3	4
A1	0.712			
A2	0.733			
A3	0.558			
A6	0.544			
A11	0.714			
A12	0.593			
A14	0.515			
A17	0.496			
A18	0.401			
A9		0.545		
A7		0.641		
A8		0.711		
A10		0.748		
A4			0.513	
A19			0.552	
A20			0.702	
A21			0.409	
A5				0.576

续表

项目	成分			
	1	2	3	4
A15				0.688
A9				0.371
单因子负荷量（%）	21.278	14.678	6.769	4.924
累计负荷量（%）	21.278	35.956	42.725	47.650

注：提取方法：主成分分析法。旋转方法：凯撒正态化最大方差法。a. 旋转在 10 次迭代后已收敛。

（二）内部人身份感知量表信度检验和效度检验

内部人身份感知量表共含有6个题项，由表4－6可知，其整体α系数为0.788，高于一般标准0.5，说明内部人身份感知量表具有良好的可信度，可以进行后续的研究分析。

表4－6　内部人身份感知量表可靠性统计

克隆巴赫 Alpha	项数
0.788	6

研究之初进行了 KMO 测度和 Bartleet 球形检验，结果显示为：KMO 值为0.785，由此可说明能够进行因子分析；Bartleet 球形检验结果 sig. <0.01，也进一步说明该数据可以进行因子分析见表4－7。

表4－7　内部人身份感知量表 KMO 和巴特利特检验

KMO 取样适切性量数		0.785
巴特利特球形度检验	近似卡方	1190.342
	自由度	15
	显著性	0.000

通过对量表中各个题项进行因子分析得到表4－8，显示特征根大于1的因子共1个，正如研究构思所提到的，该表为单维度量表。该因子的累积贡献率达到49.630%，因子负载值均大于0.5，能够认为该内部人身份感知量表的信度和效度是良好的。

表 4 –8　　内部人身份感知量表效度分析

项目	成分
	1
C1	0. 667
C2	0. 609
C3	0. 835
C4	0. 830
C5	0. 551
C6	0. 808
累计解释总方差（%）	49. 630

（三）员工创新行为量表信度检验和效度检验

员工创新行为量表共含有 6 个题项，由表 4 –9 可知，其整体 α 系数为 0. 718，高于一般标准 0. 5，说明员工创新行为量表具有良好的可信度，可以进行后续的研究分析。

表 4 –9　　员工创新行为量表可靠性统计

克隆巴赫 Alpha	项数
0. 718	4

进行 KMO 测度和 Bartleet 球形检验，结果显示：KMO 值为 0. 751，由此可说明能够进行因子分析；Bartleet 球形检验结果 sig. <0. 01，也进一步说明该数据可以进行因子分析，见表 4 –10。

表 4 –10　　员工创新行为量表 KMO 和巴特利特检验

KMO 取样适切性量数		0. 751
巴特利特球形度检验	近似卡方	399. 363
	自由度	6
	显著性	0. 000

通过对量表数据进行因子分析得到表 4 –11，显示特征根大于 1 的因子共 1 个，该因子的累积解释的解释总方差达到 54. 403%，且因子负载值均大于 0. 5，能够认为该员工创新行为量表的信度和效度是良好的。

表 4-11　　员工创新行为量表效度分析

项目	成分
	1
B1	0.777
B2	0.685
B3	0.710
B4	0.774
累计解释总方差（%）	54.403

（四）企业创新绩效量表信度检验和效度检验

企业创新绩效量表共含有10个题项，由表4-12可知，其整体α系数为0.834，高于一般标准0.5，说明企业创新绩效量表具有良好的可信度，可以进行后续的研究分析。

表 4-12　　企业创新绩效量表可靠性统计

克隆巴赫 Alpha	项数
0.834	10

进行KMO测度和Bartleet球形检验，结果显示：KMO值为0.883，由此可说明能够进行因子分析；Bartleet球形检验结果sig. <0.01，也进一步说明该数据可以进行因子分析，见表4-13。

表 4-13　　企业创新绩效量表 KMO 和巴特利特检验

KMO 取样适切性量数		0.883
巴特利特球形度检验	近似卡方	1461.217
	自由度	45
	显著性	0.000

通过对量表数据进行因子分析得到表4-14，显示特征根大于1的因子共1个，该因子的累积解释的解释总方差达到40.811%，且因子负载值均大于0.5，能够认为该员工创新行为量表的信度和效度是良好的。

表 4－14　　企业创新绩效量表效度分析

项目	成分
	1
D8	0.732
D3	0.695
D2	0.682
D5	0.679
D10	0.662
D6	0.661
D1	0.595
D7	0.587
D9	0.585
D4	0.571
B2	0.685
B3	0.710
B4	0.774
累计解释总方差（%）	40.811

二、人口统计变量差异化分析

根据文献调研和实践经验，员工的年龄、学历、工作年限等因素可能影响到员工归属感、内部人身份认知和员工创新行为，所以研究采用差异化分析对这些可能影响变量的因素进行检验，以明确控制变量对所研究变量的具体影响。

（一）性别差异化检验

经独立样本 t 检验的结果显示（见表 4－15），性别在员工归属感、员工创新行为、内部人身份感知和企业创新绩效上均不具有显著性差异，说明性别对于各变量没有显著影响。

表 4 - 15 性别的独立样本 T 检验

变量	男（N = 196）	女 = （N = 177）	t	P
员工归属感	74.065 ± 9.746	74.643 ± 8.435	-0.741	0.459
员工创新行为	15.506 ± 2.630	15.34 ± 2.571	0.737	0.461
内部人身份认知	23.010 ± 4.415	23.2 ± 4.211	-0.508	0.611
企业创新绩效	39.061 ± 5.813	39.715 ± 5.27	-1.353	0.177

（二）年龄差异化检验

单因素方差 ANOVA 检验的结果显示（见表 4 - 16），经 LSD 检验发现 25 ~ 30 岁（含 30 岁）年龄阶段的员工对员工创新行为的均值存在显著差异。25 岁以下（含 25 岁）的员工对企业创新绩效的均值存在显著差异。

表 4 - 16 年龄的单因素方差检验

年龄	员工创新行为		内部人身份认知		企业创新绩效		员工归属感	
	均值	标准差	均值	标准差	均值	标准差	均值	标准差
25 岁以下（含 25 岁）	73.1622	8.8427	15.1351	2.3014	22.4459	3.9384	38.4324	5.55688
25 ~ 30 岁（含 30 岁）	72.9868	8.0737	15.3509	2.6164	22.7632	4.4002	39.0877	5.47008
30 ~ 35 岁（含 35 岁）	74.6443	9.4776	15.3423	2.7133	23.4295	4.3917	39.3893	5.67083
35 ~ 40 岁（含 40 岁）	76.0962	9.7704	15.6923	2.5091	23.2692	4.3256	40.2500	5.29845
40 ~ 45 岁（含 45 岁）	76.1304	10.2572	16.0000	2.5406	23.0000	3.8612	39.5652	6.48653
45 ~ 50 岁（含 50 岁）	81.2727	11.3762	16.6364	2.8381	25.3636	3.8019	42.0000	5.23450
50 岁以上	90.2500	8.0134	17.3750	2.6152	28.1250	2.2321	44.0000	5.18239
F	6.970		1.642		3.040		2.004	
LSD	2 < 1，3，4，5，6，7				1 < 2，3，4，5，6，7			

（三）学历差异化检验

对学历进行差异化检验分析，得到表 4 - 17。经 LSD 检验发现，在企业创新绩效中，学历为高中及以下学历的员工的均值均小于其他学历层次。

表 4-17 学历的单因素方差检验

学历	员工创新行为		内部人身份认知		企业创新绩效		员工归属感	
	均值	标准差	均值	标准差	均值	标准差	均值	标准差
研究生及以上	74. 1552	9. 9486	15. 7931	2. 6935	23. 5862	4. 6417	39. 8621	6. 71591
本科	74. 8354	8. 5790	15. 5518	2. 5021	23. 4238	4. 2549	39. 6311	5. 17946
大专	73. 6348	9. 7426	15. 1217	2. 4996	22. 4261	4. 0933	38. 6609	5. 60840
高中及以下	72. 4091	11. 0123	14. 9091	3. 3398	21. 7045	4. 6585	38. 2955	6. 68765
F	1. 196		1. 746		3. 357		1. 548	
LSD					4 <1, 2, 3			

（四）工作年限差异化检验

对工作年限进行差异化检验分析，得到表 4-18。经 LSD 检验发现，不同工作年限的员工在员工归属感、员工创新行为、内部人身份认知和企业创新绩效上均具有显著性差异。工作年限 1 年以下的员工在员工创新行为、内部人身份认知、企业创新绩效和员工归属感的均值均显著小于其他工作年限较长层次。

表 4-18 工作年限（司龄）的单因素方差检验

工作年限（司龄）	员工创新行为		内部人身份认知		企业创新绩效		员工归属感	
	均值	标准差	均值	标准差	均值	标准差	均值	标准差
1 年以下	68. 7143	7. 6973	13. 7857	2. 3938	20. 1071	4. 4832	36. 9286	6. 64958
1~2 年（含 2 年）	72. 7706	7. 5934	15. 0826	2. 5572	22. 7890	3. 7690	38. 2936	5. 03194
2~3 年（含 3 年）	73. 9817	8. 1195	15. 1376	2. 5073	22. 5688	4. 2150	39. 2294	4. 94345
3~5 年（含 5 年）	71. 8793	8. 6559	15. 2845	2. 5531	22. 2586	4. 0990	38. 5345	6. 15797
5~8 年（含 8 年）	77. 2613	10. 2936	15. 9550	2. 6471	24. 5225	4. 3627	40. 7477	5. 15482
8~10 年（含 10 年）	78. 5000	9. 8331	16. 6053	2. 3196	24. 6842	4. 7369	41. 4737	4. 85874
10 年以上	78. 9412	9. 6230	16. 3824	2. 5467	24. 5882	4. 1056	40. 8529	6. 61098
F	8. 988		5. 538		7. 334		4. 601	
LSD	1 <2, 3, 4, 5, 6, 7		1 <2, 3, 4, 5, 6, 7		1 <2, 3, 4, 5, 6, 7		1 <2, 3, 4, 5, 6, 7	

（五）工作职位差异化检验

经过对工作职位进行差异化检验分析，得到表4－19。经LSD检验发现，管理人员在企业创新绩效和员工归属感方面的均值均显著小于其他岗位人员。

表4－19　　工作职位的单因素方差检验

职务	员工创新行为		内部人身份认知		企业创新绩效		员工归属感	
	均值	标准差	均值	标准差	均值	标准差	均值	标准差
管理人员	73.4663	9.3102	15.4551	2.5865	22.1573	4.3671	38.3539	6.23400
生产人员	75.1771	9.0280	15.4965	2.5972	23.8889	4.2074	39.9514	4.94193
行政人员	74.4118	9.2838	15.3235	2.7713	22.3529	3.6588	39.5000	5.87367
营销人员	71.4231	7.3603	15.1538	2.4445	22.2692	4.0255	39.8077	5.82422
技术人员	72.9474	11.8297	14.8947	2.9419	22.2105	5.1916	38.4737	6.75252
其他	74.3138	9.2003	15.4349	2.6037	23.0917	4.3253	39.3431	5.58965
F	1.769		0.337		5.370		2.438	
LSD					1 <2，3，4，5		1，2，3，4，5	

三、相关性分析

相关性分析结果表明：员工归属感、员工创新行为、内部人身份认知和企业创新绩效两两之间均呈显著性相关，见表4－20。

表4－20　　变量间相关性分析

变量	平均值	标准差	员工归属感	员工创新行为	内部人身份认知	企业创新绩效
归属感	83.327	8.722	1			
创新行为	15.011	2.628	0.647 **	1		
内部人身份	23.595	3.039	0.648 **	0.580 **	1	
企业创新绩效	38.137	5.902	0.649 **	0.672 **	0.630 **	1

注：** 表示 在0.01级别（双尾）相关性显著。

其中，企业员工归属感的回归系数为正数，且员工归属感与企业创新绩效在0.01水平上线性关系显著，H4－1得到验证；企业员工归属感的回归系数为正数，且员工归属感与内部人身份认知在0.01水平上线性关系显著，

H4 -2 得到验证；企业员工归属感的回归系数为正数，且员工归属感与员工创新行为在 0.01 水平上线性关系显著，H4 -3 得到验证。

第四节　中介效应检验

由第三节假设检验的结果可知，员工归属感、内部人身份认知、员工创新行为和企业创新均存在两两之间的显著相关，符合进一步对内部人身份认知和员工创新行为进行中介效应分析的前提。本书的研究采用进程（process）程序（Hayes，2012），加入性别、年龄、学历、工作年限和工作职位作为控制变量，分析内部人身份认知和员工创新行为在员工归属感和企业创新之间的中介作用。

中介效应检验结果见表 4 -21。员工归属感对于企业创新具有显著的正向预测作用（B =0.312，P <0.001），员工归属感对于内部人身份认知具有显著的正向预测作用（B =0.110，P <0.001），员工归属感（B =0.286，P <0.001）和内部人身份认知（B =0.153，P <0.001）对于员工创新行为均具有显著的正向预测作用，内部人身份认知（B =1.045，P <0.001）和员工创新行为（B =0.246，P <0.001）均对企业创新具有显著的正向预测作用。

表 4 -21　　模型中变量关系的回归分析

回归方程					整体拟合指数	
结果变量	预测变量	R	R^2	F（df）	B	t
企业创新绩效		0.548	0.300	38.556（6）**		
	性别				0.492	1.177
	年龄				-0.122	-0.556
	学历				-0.426	-1.526
	工作年限				0.324	1.906
	工作职务				0.413	1.885
	员工归属感				0.312	13.671**
内部人身份		0.444	0.197	22.091（6）**		
	性别				-0.111	-0.535
	年龄				-0.124	-1.136

续表

回归方程					整体拟合指数	
结果变量	预测变量	R	R^2	F（df）	B	t
	学历				-0.183	-1.318
	工作年限				0.254	2.997
	工作职务				-0.027	-0.252
	员工归属感				0.110	9.720**
员工创新行为		0.677	0.458	65.004（7）**		
	性别				0.070	0.248
	年龄				-0.117	-0.785
	学历				-0.451	-2.366
	工作年限				0.191	1.636
	工作职务				0.225	1.508
	员工归属感				0.286	16.940**
	内部人身份				0.153	2.606**
企业创新绩效		0.724	0.524	73.926（8）**		
	性别				0.596	1.724
	年龄				0.041	0.229
	学历				-0.116	-0.500
	工作年限				0.001	0.011
	工作职务				0.387	2.136
	员工归属感				0.121	4.802**
	内部人身份				1.045	14.548**
	创新行为				0.246	4.717**

注：** 表示在0.01水平上显著。

由表4-22可知，内部人身份认知与员工创新行为在员工归属感与企业创新之间起完全中介作用，其中介效应值为0.4006。并且四个变量之间构成链式中介模型，分别由三条路径产生的间接效应组成该中介效应，分别为：(Ind1）通过员工归属感→内部人身份感知→企业创新（0.2434）；（Ind2）通过员工归属感→员工创新行为→企业创新（0.1484）；（Ind3）通过员工归属感→内部人身份感知→员工创新行为→企业创新（0.0088）。本次研究中间接效应的Bootstrap的置信区间均为95%且不包含0值，均表明三条间接效应均具有显著水平。

表4-22　　内部人身份认知、员工创新行为的中介效应分析

项目	间接效应值	Boot 标准误	Boot CI 下限	Boot CI 上限	相对中介效应（%）
总间接效应	0.4006	0.0462	0.3101	0.4948	100.00
间接效应1	0.2434	0.0313	0.1833	0.3081	60.76
间接效应2	0.1484	0.0383	0.0765	0.2279	37.04
间接效应3	0.0088	0.0046	0.0010	0.0194	2.20
比较1	0.0950	0.0543	-0.0146	0.1982	
比较2	0.2345	0.0316	0.1741	0.2986	
比较3	0.1396	0.0374	0.0692	0.2152	

注：该表中为95%置信区间的上限和下限；所有值保留四位小数。

第五节　本章结论与建议

本章在员工归属感等理论及相关研究结果的基础上，探讨了员工归属感和企业创新绩效之间存在的关系及其影响机制。研究发现，员工归属感能够显著正向影响企业创新绩效、内部人身份感知和员工创新行为。从回归分析的结果也可以看出，员工归属感能够起到显著正向的预测作用。H4-1至H4-3得到验证。本章进一步研究了内部人身份感知和员工创新行为在其关系中起到的作用，经过中介检验发现，内部人身份感知和员工创新行为能够起到中介作用，以及这一中介作用中包含了三条路径，其中最长的Ind3为员工归属感→内部人身份→员工创新行为→企业创新这一路径显著，说明其起到了链式中介作用。H4-4也得到验证。

因此，本书得出以下结论：（1）员工归属感、内部人身份认知、员工创新行为和企业创新绩效两两间存在显著的相关性，并且员工归属感对于企业创新绩效具有显著的正向预测作用。员工归属感对于内部人身份感知具有显著的正向预测作用。员工归属感对于员工创新行为具有显著的正向预测作用。（2）内部人身份认知和员工创新行为在员工归属感和企业创新绩效的关系中起到完全中介作用，并在其中起到链式中介作用。其路径为通过员工归属感→内部人身份感知→员工创新行为→企业创新。

本章研究的局限性包括：（1）由于受疫情影响，样本多采用网络样本收集形式，无法与被试者当面沟通，可能会存在被试者的理解误差以及感情主

观认知误差，存在一定局限性。进一步的研究中，应补充现场调研的形式以提升问卷数据的可靠性和真实性。(2) 由于该问卷数据均采用问卷量表的方式对单个被测对象进行测试，可能会存在被测人员的情绪影响或是主观评价误差，之后的研究可以同时采用他人评测的方式，应该能够提升数据的准确性。

综上所述，通过研究发现，员工具有组织归属感能够有效地促进企业创新发展。因此，在当今竞争压力逐渐加大的经济转型时期，主动提升员工归属感对于企业发展而言具有重要意义。让员工感受到组织内部的公平，加强企业员工之间的沟通，逐步完善合理的人才晋升机制，树立良好的企业文化可以让员工认同企业文化，增强员工的幸福感，感受到自己的贡献度。通过以上措施不断提升员工的归属感，可以让员工对企业产生“家”的感觉，主动承担起企业发展的重任，不断提升自己，自发产生创新行为，最终提升企业的创新水平。

第五章　家族企业代际传承阶段性差异与企业创新

家族企业以血缘关系为基本纽带和传承依据，以追求家族利益为主要目标，具有较强的家族凝聚力和向心力的，所有权和经营权紧密结合的企业组织形式。家族企业是我国民营经济的重要组织形式，其发展策略和创新能力对我国民营经济的可持续发展具有非常重要的影响作用。因此，要全面研究企业家精神与企业创新的关系，家族企业是重要的研究范畴。本章将聚焦家族企业，探究家族企业代际传承的特殊时期对企业创新投入的影响，以此反映家族企业中企业家精神配置与企业创新之间的关系。

当前，代际传承与转型升级是我国家族企业面临的重要问题，探究代际传承对创新活动的影响具有重要的现实意义。本章以社会情感财富理论为基础，将传承时期划分为两代共同治理与二代自治两个阶段，基于沪深 A 股民营上市公司信息来探究研发投入差异。提出假设：出于对于企业控制的短期目标，两代共同治理与二代自治阶段对于研发投入都具有抑制作用。本章探究了家族企业的研发投入处于代际传承时期的阶段性差异，并且对于这种现象提出了一种新的认知方式，即家族企业对于约束型社会情感财富即短期控制目标的重视，影响了传承时期企业研发投入决策。

第一节　研究视角的确定

一、我国家族企业传承与创新的现实背景

改革开放 40 多年来，家族企业在企业家精神及价值观的推动下，不断探

索发展，使得民营经济在我国市场经济中占据了非常重要的地位。当前，传统家族企业的初代创始人大多数都已开始离任准备，而二代的年纪也正应有所作为，一场轰轰烈烈的代际传承运动正在逐渐拉开帷幕。值得关注的问题是，二代接管企业并非总是一帆风顺，家族企业存在的异质性常常导致二代难以真正拥有企业治理的话语权。正因如此，创始人常常将代际传承视为一个时间过程，而非一个事件。对于实际现象的观察也表明，在一代离任、二代实现独立自主之前，存在一段漫长的交接时期。我国家族企业的接班问题将逐渐成为当前企业实践者与理论研究者们高度关注的热点问题。民营企业的代际传承现象也将是未来观察中国民营企业演化的一个视角。

与此同时，创新正逐步成为新时期我国企业发展的重要驱动力。原有依靠低成本的盈利模式已逐渐失去优势，实施创新发展的重要性日益显现。关于创新的研究不能局限于理论分析，需要与现实企业、社会现象等相结合。在创新研究领域，学者们普遍认同研发投入对企业未来长远发展乃至基业长青有着重要作用。然而，《2016 年中国家族企业健康指数报告》显示，无论从研发投入的资金规模还是占营业收入的比例来看，我国家族企业普遍存在研发投入不足的问题。由此，探究传承时期的研发投入差异对处于代际传承与转型升级困境的家族企业而言，无疑在现实上具有深远的意义。

家族传承对企业的未来发展具有双重影响，研究如何促进代际传承过程中积极因素的释放，减少不良因素对企业创新的阻碍作用，具有重要的理论及实践意义。自我国经济发展出现转型以来，不确定性的进一步增加使得我国民营企业面临着空前的经营风险。在这种情况下，如何正确地把握代际传承中的各种要素对于企业的影响至关重要，而家族企业传承与企业研发之间的关系也亟须论证分析。

二、研究视角的选定

家族企业对于创新投入的态度在代际传承时期会有怎样的不同？已有文献对于家族企业传承时期的研发投入有一定深度的探讨，但对于这一问题尚无一致的解答。一方面，家族企业的代际传承被视为领导者特质的转变，研发投入的增加或减少是企业根据领导者与公司环境的协调而调整战略决策的结果；另一方面，代际传承时期的视角则认为企业的传承不仅只限于人事的变动，同时还推动了其他一些因素的转变。结果或许具有一定随机性，从而可能导致家族企业对回报周期长、风险与不确定性较高的创新活动持谨慎态度（李新春等，2015；梁强等，2016；吴炯和梁亚，2017；李新春等，2016；郭超，2013；吴炯和李保杰，2015；赵晶等，2015；黄海杰等，2018；惠男男和许永斌，2016；赵晶和孟维烜，2016；程晨，2018；Hauck et al. , 2015；Sciascia et al. , 2014）。因此，面对这一没有统一定论的问题，本书试图从新的角度来展开探究以弥补当前文献存在的不足，为当下面临家业继承的家族企业的创新活动提供一个明确认知。

首先，本章对传承过程进行阶段划分。以往研究多将企业的代际传承视为一个事件而单纯地探究单个或数个因素带来的影响效果。然而，样本时序性的缺乏可能导致研发投入阶段性差异以及其他相关变量的忽略。现实中，代际传承是一个漫长的转变过程，持续时间短则数年，长则需要数十年，这种实际现象反映出传承时期分阶段研究的重要性。除此之外，实证研究也逐渐证实了包括研发投入在内的阶段性差异。汪祥耀等（2015）首次将包括继承过程在内的时期划分成若干阶段，并实证分析了家族在不同阶段的绩效。因此，本章以上述方法作为参考，实验性地对传承过程进行划分，探讨家族企业的创新水平在不同时期是否差异显著。这种时期划分的细节研究有助于深化相关研究者对于创新活动在代际传承时期呈现出来的差异性的理解。

其次，本章以社会情感财富理论为基础探讨家族企业的创新偏好。企业目标是多样化的，而由于蕴含“家族”与“企业”两个核心价值因素，家族企业通常具有双重目标：既要追求控制目标从而保持家族的掌控，又要为了企业的生存发展兼顾经济目标。近年来，多数研究指出，经济目标与控制目标对研发资源兼具促进以及抑制效应，这对于家族企业研发投入的影响探究是重要且具有实际意义的。由此，笔者认为，将双重目标融入传承时期研发投入阶段差异的探讨中，更加贴合家族企业经营决策现实，从而可以对研发投入问题有一个较为合理的解释。

为弥补现有研究文献存在的局限性，本章拟从两个角度出发进行探讨：第一，基于已有研究关于代际传承时期的理论，根据创始人与继承人的企业职权，将传承阶段划分为两代共同治理与二代自治两个时期；第二，根据社会情感财富理论，探究两代共同治理阶段、二代自治阶段领导者对于企业的研发投入态度的差异，并将家族企业的经营目标纳入创新的代际差异研究，阐释目标的短期或是长期性对于企业创新的潜在影响。为实现上述目的，本章拟运用处于传承期的民营上市企业信息，探究传承时期研发投入的阶段差异以及控制目标、经济目标的实现与这种差异的关系。

第二节 家族企业家与企业创新的相关文献综述

一、家族企业家个人特质差异与企业创新

企业实际控制人的代际交替，是家族企业创立乃至长期发展中必须经历的转变过程。家族企业的后代继承实际上是企业领导者的管理权、所有权在企业内部之间的移交。家族领导者的后续接班问题直接影响着企业的平稳运营和可持续发展。整理已有研究文献，家族企业的创新特征可大致分为两个研究领域：一是家族领导者的特质；二是家族企业传承的时期差异。

“领导者特质”研究领域的学者提出：家族企业的后续发展关键在于一系列家族企业家个人特质要素在家族代际间权力交接时的转变。因此，企业领导者的什么特质发生了转变，这种转变带来何种影响，如何应对这种转变的影响都成为以往此类研究中探讨最多的热点问题。通常，民营企业领袖的个人核心特质包括：价值观、个人认知、个人权威、社会资本以及创新精神等。但是该角度仅偏重关注个人要素的转变及差异，而忽略了家族企业的研发投入在后代继承中的其他关联因素以及时期差异问题。

近年来，由于代际传承逐渐进入高峰，“企业领导者特质”受到研究者的关注，主要探究的是创始人与继承人在个人要素上的差异而导致的对于企业创新战略的转变。其中，李新春等（2015）提出，在外部对于领导者期望要求过高以及自身权威无法树立的情况下，继任领导者不仅是对于父辈基业的继承，很多同时会选择一种能够树立个人能力以及权威的战略部署，如进入其他的行业领域。梁强等（2016）认为，继承人自身的能力水平与行业差异在其为获得社会认同而实施战略变革中起重要作用。吴炯等（2017）的研究表明，企业继承人的职权与企业创新水平有着正向关联，而二代企业家个人权威的树立对于两者的关系起调节作用。具体而言，二代企业家外部权威的树立起正向调节作用，而内部权威的树立起负向调节作用。张鹏翔等（2016）在其研究中指出，二代企业家的工商管理教育背景与其对于企业多

元化战略态度呈负相关。进一步阐述这种关系，当企业的业务多元化水平与同行业持平时，二代的教育背景有利于在此时协助二代抵抗外部压力，从而维持多元化水平的稳定或是进一步收缩多元化水平。郭超（2013）通过对民营企业样本数据的实证分析，发现企业继承人与创始人价值观的异质性对企业在产业、产品市场以及地域市场的转型中起到了重要的推动作用。李保杰等（2015）基于交互作用行为分析，发现创始人与继承人之间的政治关联差异显著地影响了企业的创新水平。

随着家族企业领导者特质对于企业创新现象解释能力不足的显现，越来越多的学者开始从传承进程的阶段划分角度来探究传承过程中的时期性差异，以求打破家族企业现阶段代际传承研究的局限性。

二、企业代际传承时期差异性与企业创新

根据上述研究文献的回顾，如果基于研发投入的时期性差异来重新看待家族企业传承时期的创新活动，那么企业的代际传承阶段可以说是一个特殊时期的创新研究。该视角所阐述的是家族企业在代际移交过程中，以某个时间基点来确定传承的进程，从而更全面地解释不同时期的差异所导致的企业创新活动的改变。

在这方面，部分学者以继任者进入企业的时点来探究企业创新的变革，认为在关键时间点的创新指标一定会有所波动。张书博等（2015）提出，家族企业在二代接班开始后会有显著的战略变革现象；同时，继承人的合法性作为调节因素决定着变革的幅度。同样有研究认为，二代企业家进入企业与企业的创新活动之间存在显著的正相关关系，而这种关系受二代的教育背景和外部信息来源的正向调节（黄海杰等，2018）。从长期投资观的视角来看，家族企业代际传承开始后数年，企业的长期投资规模显著下降，研究者认为，这是为了保持传承时期企业运行稳定（许永斌等，2016）。另外，由于二代进入企业后产生的“速胜动机”现象，孟维烜等（2016）也指出，进入传承时期后，家族企业的创新活动有明显的减弱现象；而继承者与父辈的社会资本差异对于这种关系起到了显著的负向调节作用。

在此基础上，亦有学者提出最新的传承理论，将代际传承的进程进一步拓展至继承人接手企业之后，认为创新投入改变是由于组织为适应环境改变所发生的形式或状态的变化。因为代际传承会造成企业内部整体环境发生转

变而产生不确定性，以企业内外环境的融合为目标而发生创新战略变革和调整是企业应对内外环境匹配的重要手段。

程晨（2018）基于高管的短视理论提出，家族企业在二代实现自治的阶段，研发投入出现了显著的降低。具体而言，对于处于权力交接过程中的家族企业而言，较低的家族控制权冲突水平、完善的公司股权设计以及企业治理水平，会对这种抑制起到减缓的作用。而在此之前，从社会情感财富角度看待不同阶段的创新现象，国外已有研究者有所关注。豪克等（Hauck et al.，2015）认为，对于不同目标的重视导致两代共治阶段对企业创新影响的异质性。而家族治理在二代阶段因为减少了对于非经济目标的需求从而重视企业盈利，这对创新有正向影响（Sciascia et al.，2014）。

家族传承时期差异不同于传统的对于创始人以及继任者的个人特质研究，仅仅通过个别因素对企业的影响来断定创新活动变化，且前述所提多数关于传承时期研究并未对传承进程有一个明确而完整的划分，使得不同阶段创新特征更具明显性。基于此，本书实验性地将家族企业传承阶段划分为两代共同治理以及二代自治：两代共同治理指二代进入家族企业担任重要职位（属于高层，担任董事会、监事会成员或高级管理人员等），但并非企业实际的掌控人，拥有企业的部分管理权与控制权，对企业战略决策产生影响；二代自治开始于二代接任董事长的位置，结束于完全独立负责家族企业运营，而创始人此时则卸任高层职位完全退出企业的管理。

第三节　理论分析与研究假设

一、社会情感财富理论

在企业战略决策中，家族企业对于经济利益以外其他因素的重视，往往起重要作用。社会情感财富理论由高梅兹 - 梅加等（Gomez-Mejia et al.，2007）首次提出，该理论将家族企业对于经济利益以外的其他情感要素的需求称为“社会情感财富”，并设计出一个家族企业战略决策方向受社会情感财富（以下简称 SEW）因素影响的模型。高梅兹 - 梅加等（2007）提出，家族企业战略决策的异质性在于将 SEW 作为最重要的考量因素，并将决策问题框架化为获益或损失。沿此思路，倘若一项决策的实施是以 SEW 的损失为代价，对此感到排斥的家族决策者就会依照规避这种损失的战略来执行，即便这种战略使企业的财务利益蒙受损失。换言之，家族企业对于创新持审慎态度，在有些情况下，是因为研发的支出导致 SEW 的减少，而并非其本身的不确定性与潜在风险。

但是，加大创新投入并非表示 SEW 的损失。贝罗内等（Berrone et al.，2012）指出，SEW 并非单一因素，其包含着五个维度：家族控制和影响、家族成员对企业的认同、紧密的社会纽带、情感依恋和传承意愿。其中，传承意愿的增加，显然与研发支出呈正相关关系，因为企业未来的竞争优势和持续发展能力的提升与企业未来绩效水平有必然联系，因而如果家族重视此类 SEW，必然会加大创新投入。

以上两种 SEW 模型在理论解释上显然存在着矛盾。为了促进双方争议的中和，高梅兹－梅加等（2014）提出了混合赌局模型，认为研发投入虽然在长期来看可使企业得到 SEW 增加，但由于研发本身存在较大的不确定性，因此，这种 SEW 的收益获得并不能够确定；而相对于这种或有收益，可以确信的是研发过程中外部资本与非家族成员专业人员的引入使得 SEW 产生了一定程度上的损失。换言之，企业的决策者在权衡创新对于 SEW 增加或是减少的可能性之后，通常会选择减少创新投入以规避不确定性。

综上所述，虽然对 SEW 的不同观点是家族企业战略决策的根源，然而混合赌局模型却将 SEW 的得失视为利弊权衡之后的产物，从而片面地假定决策者的思维总是受短期目标影响。虽然这勉强可以作为家族企业整体创新水平偏低现象的原因，但却无法对于相同行业中家族企业之间研发投入的差异给出一个合理的解释。由此可知，通过 SEW 来看待家族企业对于创新活动的态度，就必须将其进行一个明确的分类来揭示本质上的差异，而不是反其道而行之，以决策者对于研发投入的看待作为佐证。对此，米勒等（Miller，2014）对于 SEW 的分类就提供了一个良好的借鉴，其将 SEW 分为约束型和延伸型两种类型。两者的区别在于约束性 SEW 属于对短期控制目标的重视，驱动家族管理者加强对企业的掌控，从而导致企业长期绩效和未来发展前景的损失；而延伸型 SEW 则象征着长期发展，关注家族成员的长期存续，通常决策者会维护家族与利益相关者的联系，并且会在提高家族以及企业声望的方面投入精力。

约束型 SEW，换言之就是本质为保持家族控制的社会情感财富。理论上，SEW 要求家族重视对于企业的控制力以及影响力（五个维度之一的家族控制和影响）。在我国保守性文化背景下，这种观点自然受到家族企业的重点关注。而 SEW 其他维度的维持也是建立在家族对于企业的控制之上，这进一步强化了家族的控制需求。例如，企业领导者可能会利用企业资源来帮助相关者，从而增强对家族控制的需求。而对于具有深厚社会纽带的管理者，会更加趋向于为有关联的人员尤其是利益相关者提供职位，或是利用企业的资源便利性来扶持相关者获利，而这一切都需要建立在良好且稳固的企业控制基础上。此外，家族成员对于企业的依恋情感会强化其对于企业的控制，故企业的领导者或是长期管理者皆具有较强的归属感以及依恋感。自然地，对于企业的认同和依靠转化成了对企业控制意愿的强化，且归属感也会在心理上增加掌握企业所有权的意愿，进而使得领导者对于非家族成员任职公司高层产生抵制态度。同时，对于家族企业的认同也会使得家族领导者对于减少控制产生排斥。虽然创新的战略以及管理方法可能为企业带来经济效益，但强烈的企业价值观认同使得家族企业大多数视传统规则为必须遵守且依照的，不会放任管理创新。

约束型 SEW 强调家族对于企业的掌控，但很显然研发活动的展开与企业实施控制两者之间有着不可避免的冲突。例如，研发投入不仅需要内部资源，而且需要依靠大量的外部投资，而外部资本的介入不可避免地弱化了家族对于企业的控制。具体而言，研发本身是一个资金回流周期较长的项目，因而需要持续的资本支持。而持续投入的资金需求，仅凭企业自身资源来维持是异常困难的。然而，外资的引入代表外部势力的侵入，这些外部的投资人往往会对企业资金运营和企业管理甚至战略决策提出异议，从而对家族控制产生威胁。

再者，研发投入不仅是资源需求，不属于家族成员的专业人员的引入也会对家族企业控制产生威胁。具体来说，研发活动需要极高的技术性以及专业性，而家族成员未必在此方面掌握熟练技能或是专业知识，导致企业研发活动不得不需要引入有专业技术的高级人才。除此之外，家族成员存在知识技能不完备的客观现象，进而使得专业人员在研发活动中占据主导作用，增加了领导结构上的授权需求，最后导致家族企业对于研发创新部门的控制被削弱。基于以上分析，管理者对于约束型 SEW 的重视会导致其对于创新投入持排斥态度。

与之相对，传承意愿和以经济目标为主是延伸型 SEW 的核心要素。延伸型 SEW 重视企业的长期持续发展，因而对于此类 SEW 的重视将驱动决策者的长期战略导向。以往家族企业研究文献也指出，代际传承表达的是家族企业长期存续的意愿，也视基业长青为最终目的。同时，如同上述其他的 SEW 也会为家族追求持续发展所驱动，进而加强家族企业对于此类意愿的关注。因此，对于重视延续性 SEW 也即具有较高传承意愿的家族来说，企业会视其长期存续为最重要的目标，进而对于长期回报持开放态度。企业会为增强企业竞争优势、保持长期健康发展而大力推动创新活动。

上述理论所阐述的关于 SEW 在企业战略决策中的作用，实际是从企业对于不同类型 SEW 保有的重视程度的视角进行的分析。因此，本书同样依据上述理论来考察家族研发投入的阶段性差异。如前所述，约束型 SEW 的核心在于企业的短期控制，而延伸型 SEW 则更注重企业的长期存续，其他类型 SEW 在其中起强化作用。显然，对于家族企业战略决策类型最直观也是最简单的理解方式，就是对其目标属于长期或是短期的判定。如此，下述对于家族企业传承的两个阶段的创新投入态度判断也遵从这种标准。

二、研究假设的提出

（一）两代共治阶段创新投入

代际交替是家族企业长期投资观的表现，反映企业长期存续的意愿。为了通过家业继承来实现企业延续与发展，家族企业通常会制定符合这一目的的长期规划。然而尽管如此，家族企业的代际传承通常被视为一种短期现象（即使过程可能长达数年）。故而家族企业决策者在这一特殊时期可能更关注短期目标，即以保持家族掌控为主要目的的控制目标，而并非长期的发展目标。

通常，企业继承者正式获取权力需要依靠权威，所以权威的树立在继承者作为二代进入家族企业后得到了普遍重视。然而事实上，因为后代在行业经验、综合能力和人际资源等方面与上一代存在差异，以及家族管理模式存在制度缺陷，后代普遍难以在短时间内获得企业成员以及利益相关者的认可，进而造成职权上被架空的可能性。

权威代表着在一个有固定惯例、规则、价值观所构成的具有社会属性的系统中被认为是合适的、合乎逻辑的或是被期望的行为。通常在家族企业中，由于没有严格的制度背景，家族成员身份是继承人获取权威的最大优势。换言之，倘若一代具有较高权威，那么二代也理应如此。然而事实上，家族企业具有两个特殊因素，会阻碍利益相关者对于继承人的认可，从而成为其权威树立的障碍。如此，继承人不仅无法构建如父辈一样的权威，还可能会因为自身的特殊身份而处于话语权缺失的境地。

第一，代际传承大大降低了二代所具有的领导者合法性。家族企业的持续发展以及管理模式的非制度化成就了一代领导者的地位，企业对其本身具有的人格特质以及个人资源高度认同。并且，经过企业创办以来的长期相处，企业其他成员与一代领导者的价值观已彼此熟络。一代企业领导者通过信息沟通、观念贯彻、强化疏导等方法来进行企业组织观念、惯例、规则的构建。与此同时，一代领导者自身的行业经验、领导能力、人格特质以及社会资本都会逐渐成为其所在家族企业专有性资产的一部分，企业组织成员以此对领导者这一关键职位进行认知以及判断。最终，这种变相的合法化使得领导者周围的一切都成为企业员工价值观以及观念中的领袖所需要具备的条件。故而，当评价继承人合法性地位时，企业的利益相关者会自然而然地将上一辈的人格特质等作为参照条件。然而，由于社会经验、教育水平以及生活环境等存在的巨大差异，继承人很难获得利益相关者对其胜任领导者的认可。

第二，正式制度的缺失同样也影响继承人获得认可。理论上，制度的完整性保证了领导者获取权力的公正性，使继承人能获得多数人的认可。然而在实际情形中，领导者往往基于利己主义行为而对处于继承时期的后代加以庇护，如在绩效或是晋升考核中常常带有形式主义的色彩。长此以往，利益相关者不仅无法对继承者的付出和其管理能力有一个明确的了解与评判，甚至由于制度缺失而将其努力认定为加强职权、谋取私利的行为。所以，没有一个公开透明的过程来进行职位晋升或绩效考核，利益相关者对于继承人的能力水平以及晋升缘由很容易产生怀疑，从而影响继承人权威的树立。

处于树立权威劣势使得继承人在家族企业的地位以及话语权上也无法显示出分量，增加了其企业管理权以及控制权丧失的可能性。在此关键阶段，继承人能否赢得利益相关者的肯定，与代际传承的成功与否有着莫大的关联。因此，继承人需要在短时间内迅速向利益相关者展示有利于自身的有利信息以获取信任。张书博等（2016）提出，相比于来自家族外部的职业经理人，继承人在代际传承时期往往会有快速显示绩效的动机，可以归结为一种“速胜动机”。换言之，继承人凭借自身职权，在家族企业的战略决策中积极响应，专门负责专项事务以显示自己的实力，从而降低因利益相关者的信任危机而导致的传承后职权被架空现象出现的可能性。

根据上述理论的展开，二代领导者在接任之后，往往通过改变企业战略决策而获取信任、树立权威，并且降低被辞退风险。这种“速胜动机”不仅能让利益相关者对二代领导能力和付出给予肯定，或许还能使一代在选择继任者这个关键决策上树立“英明”的良好形象，所以继承人的这种“速胜动机”也会得到传承人的支持，进而更深远地影响企业发展。

那么继承人如何通过职权行使来树立权威？具体而言，继承人在企业决策的指标中通常偏向于成效快、短时间内展现个人决策能力的选择。例如，继承人可能把资源投入一些专项负责项目来彰显其决策能力和资源配置能力，从而赢得利益相关者的信任。虽然创新活动可以为企业积蓄技术储备，增强企业研发水平，提升无形资产的价值，但是作为一种回报周期长、风险高、具有不确定性的战略决策，企业管理层对待研发投入通常持审慎态度。而在具有“速胜动机”的继承者看来，加大企业创新投入不仅难以在短时间内带来可预估的企业效益，一旦研发失败反而会对继承人的战略决策能力形象造成损害，从而在决策时可能偏向于回报周期短、风险低、突显决策能力的短期项目。总之，在企业资源不变的情况下，继承人将会优先选择收益快、效果显著、风险低的短期商业项目，从而暂时地降低创新水平。基于以上分析，本书提出以下假设。

H5－1：其他条件不变的前提下，家族企业的两代共治阶段，企业创新受到抑制。

（二）二代自治阶段创新投入

家族企业的二代自治阶段通常也被视为一种短期现象（虽然二代普遍会长期在位，但本书讨论的是二代刚接任董事长职位时的阶段。因为目前代际传承仍旧处于高峰期，二代还未实现在我国上市家族企业长期治理。）因此，企业决策者同样可能会在这一特殊时期更加关注短期的、保持企业与外部环境稳定的控制目标，而非长期经济目标。

家族企业在渡过权力交接时期后，会面临一系列危机。其一，在权力交接结束之后，家族企业会面临内部与外部环境协调等问题，从而面临严峻危机。其二，家族企业的战略决策通常具有独特的企业管理特质，包括较强的家族内部联系和正式管理制度的缺失。因此，管理制度的不完善不健全，使得家族企业家的行为因素对于战略决策造成更直接的影响。基于以上分析，继承者因其个人的决策方式，会对代际传承后的企业发展，尤其对企业的平稳过渡产生重大影响。在这种环境下，动态管理能力便是在内外部环境不协调的情况下，基于管理者认知水平的战略调整以及与环境相融合能力的一个最佳表述，具体而言便是创造、发展或是改变企业运营的能力（Helfat and Martin，2015）。动态管理能力是战略变革的幕后推手，动态管理也可以理解为迅速反映并做出合理的战略变革以配合内部环境的变化。

对于处于二代自治时期的家族企业，动态管理能力是继承者应对外部压力的关键。家族企业传承结束后，企业控制权以及所有权从创始人手中传递到继承人手中，继承人会以实现家族企业盈利为目标，根据其对于企业发展方向的判断，做出不同的战略变革决策。不同特质的企业继承人依靠自身对于发展方向的理解，确保企业在时代环境不断变化的情况下跟上步伐。至于这种变革策略是否能够使企业与外部环境相适应，则取决于继任者认知基础的优劣。

在比较个人认知差异时，客观事物是最为常见的指标，如价值观、教育背景、政治资本、人格特质、社会经验等。以往研究中对领导者的认知，使用比较多的指标是受教育程度和社会经验。然而从当前我国的商业环境来看，家族二代普遍没有深厚的政治资本或是社会经验，因此，教育背景成为反映他们认知结构的重要指标。由此，选取家族两代的教育差异来反映其认知水平以及动态管理能力的区别是较为合适的。

随着我国商科教育的发展，商学院背景逐渐成为管理者能力的一个衡量指标，这促使部分家族继承者通过商学院文凭来证明自己的管理能力与专业水平。商科教育经历不仅是管理者传递个人能力的信号，更会对管理者的思维方式、经营决策水平产生重要影响。因此，商科教育不仅为家族企业继承人提供了培养管理能力、增加商业实践经验的途径，也会对二代在决策过程中的倾向产生影响。基于此推论，本书将商学院背景视作教育背景差异来探究继承者与父辈在动态管理能力上异质性产生的原因。

然而，商科课程教授内容中很重要的一部分就是向学生传授有关风险评估分析的方法，从而提高风险规避能力，避免在战略决策中产生重大失误。但这在降低战略决策风险的同时，也弱化了管理者对于创新的意愿。此外，在企业管理初期，二代面临的最大挑战便是如何调整企业运营以更好地适应外部环境。在不确定性进一步增加的情况下，为了保持短期稳定，继承者更有可能暂时选择有利于稳定的战略，例如，聚焦于现有的主营业务，选择风险更低的战略决策以使企业在二代自治阶段的盈利稳定。基于以上分析，本书提出以下假设。

H5－2：其他条件不变的前提下，家族企业的二代自治阶段，企业创新受到抑制。

第四节　研究设计和变量说明

一、样本选择与数据来源

本书以沪深A股民营上市企业2007～2017年数据为研究样本，探究家族企业不同阶段创新投入的异质性。数据选取始于2007年，是因为证监会在2007年发布了关于研发信息披露的相关规定，因而多数上市企业从这之后才开始逐渐披露此类信息。家族企业的辨别依照已有标准，最终控制人能追寻到自然人或家族。本书在保证样本客观与完整的基础上，对原始数据进行了以下筛选：删除金融类民营上市企业；删除样本选取年份中出现ST、ST*情况的民营上市企业；删除变量数据缺失或变量出现异常值的民营上市企业。通过以上的处理方法最终得到非平衡面板数据1529个。本书主要通过Stata 15.1进行实证分析，并对模型所涉及的所有连续变量进行了上下1%的缩尾处理，以减少数据异常对于分析结果的影响。

本书选取的数据主要来源于国泰安数据库。从民营上市企业数据库中下载企业信息；通过部分财经网站公布信息来核对是否一致，以判断企业是否符合本书的研究条件；通过家族企业数据库中的实际控制人与亲属关系表来断定家族二代成员在企业的存续状态，进而划分阶段。企业创新和财务的数据分别来自国泰安数据库中的上市公司研发创新以及财务指标分析数据库。

二、变量定义

（一）因变量

研发投入选用研发费用与营业收入（RDI）之比来衡量。与绝对的研发费用相比，该指标对于企业研发投入能有一个更合理的解释。

（二）自变量

自变量根据企业创始人与继承人在企业中的任职情况，采用虚拟变量两代共同治理阶段（Common）和二代自治阶段（Take）代表传承过程的不同阶段。其中，Common = 1 表示父子共治阶段，Take = 1 则表示家族企业当期处于二代自治阶段。

（三）控制变量

为保证控制其他因素的影响，本书的模型设计包括以下控制变量：（1）在企业规模衡量上使用企业总资产的自然对数（Size），以控制资源因素对于研发提供支持的影响；（2）企业资源的充裕程度很大程度上取决于企业的财务状况，因而对净资产收益率（ROE）和资产负债率（Leverage）做了控制；（3）为衡量外部资本对于企业创新的影响，本书对政府补贴（Subsidy）进行了控制；（4）由于战略决策差异主要来源于治理结构的异质性，故加入两职合一（Duality）以控制其对研发投入的影响。同样，模型中还包括年份（Year）和行业（Industry）这两个虚拟变量。

以上变量的名称、代码及定义见表5-1。

表5-1　　变量的代码及定义

变量名称	符号	变量说明
研发投入	RDI	企业当期研发费用与营业收入之比
两代共同治理阶段	Common	二代进入企业管理层赋值为1，其他情况赋值为0
二代自治阶段	Take	二代当期担任董事长赋值为1，其他情况赋值为0
企业规模	Size	企业当期总资产的自然对数
净资产收益率	ROE	企业当期的净资产收益率
资产负债率	Leverage	企业当期的资产负债率
政府补贴	Subsidy	政府当期直接补贴的自然对数
两职合一	Duality	董事长与总经理是否由同一人兼任，是为1，否为0
年份	Year	虚拟变量，控制年份效应
行业	Industry	虚拟变量，控制行业效应

三、模型设计

本书的模型设计参照以往研究家族企业创新投入的文献。在已有文献基础上，引入一系列相关变量，构建了以下模型：

$$RDI = \alpha_0 + \alpha_1 Common + \alpha_2 Take + \alpha_3 Size + \alpha_4 ROE + \alpha_5 Leverage + \alpha_6 Subsidy + \alpha_7 Duality + \alpha_8 \sum Year + \alpha_9 \sum Industry + \varepsilon \quad (5-1)$$

第五节 假设检验与稳健性检验

一、描述性统计

本书选取了 2007 ~2017 年 476 个上市家族企业，共 1529 个观测值，为了展示变量数据的基本特征，表 5 -2 给出了涉及的有关变量的描述性统计结果。表 5 -2 显示，研发投入强度（RDI）的均值为 0.034，最小值为 0，最大值为 0.349，说明部分上市家族企业几乎没有研发投入，而且不同的上市企业之间差异显著。两代共同治理与二代自治取虚拟变量，均值分别为 0.210 与 0.092，标准差分别为 0.407 与 0.289。

表 5 -2 主要变量的描述性统计

变量	样本数	均值	中位数	最小值	最大值	标准差
RDI	1529	0.034	0.031	0.000	0.349	0.034
Common	1529	0.210	0.000	0.000	1.000	0.407
Take	1529	0.092	0.000	0.000	1.000	0.289
Size	1529	22.224	22.192	19.952	25.019	1.015
ROE	1529	0.089	0.082	-0.264	0.389	0.086
Leverage	1529	0.429	0.421	0.070	0.838	0.178
Subsidy	1529	16.209	16.406	10.043	19.942	1.674
Duality	1529	0.313	0.000	0.000	1.000	0.464

二、相关性分析

表5-3展示的是单个变量之间关系的皮尔森（Pearson）相关系数矩阵。其中，RDI与Common的相关系数为-0.0806，在1%的水平显著负相关，可以初步认定上市家族企业两代共同治理对企业创新呈显著的抑制作用；RDI与Take的相关系数为-0.0484，但不具有较强显著性，初步没有得出上市家族企业二代自治对企业创新显著抑制作用的结论。通过观察研发投入比例与其他控制变量之间的关系发现，研发投入与企业规模、资产负债率和净资产收益率之间存在显著负相关关系。此外，研发投入与两职合一、政府补贴间的显著正相关关系也得到了印证。

表5-3　Pearson相关系数矩阵

变量	RDI	Common	Take	Size	ROE	Leverage	Subsidy	Duality
RDI	1							
Common	-0.0806***	1						
Take	-0.0484*	-0.1643***	1					
Size	-0.1451***	0.0593**	-0.0457*	1				
ROE	-0.0389*	0.0258	0.0398	0.1843***	1			
Leverage	-0.1936***	0.0648**	-0.0479*	0.4630***	-0.0374	1		
Subsidy	0.0651**	-0.0261	-0.0029	0.4390***	0.1094***	0.2268***	1	
Duality	0.1464***	-0.0844***	0.0501*	-0.0925***	0.0159	-0.0542	-0.0891***	1

注：*、**、***、分别表示在10%、5%、1%水平显著。

三、假设检验

本书研究采用的是普通最小二乘法（OLS）来获取关于解释变量回归系数的估计量。同时，为避免变量之间的相关性问题，在假设检验之前先通过Stata15.1进行多重共线性分析，结果表明，不存在严重的共线性问题（VIF最大值小于10）。回归结果见表5-4。

表 5-4　　假设检验回归结果

研发投入比例 RDI		
变量名称	回归系数	T 值
Common	-0.010**	-2.42
Take	-0.005*	-1.83
Size	-0.003***	-3.38
ROE	-0.026***	-2.82
Leverage	-0.031***	-6.17
Subsidy	0.004***	7.43
Duality	0.010***	6.02
R^2	0.2801	
Adjusted R^2	0.2646	
F 值	18.15	

注：*、**、***、分别表示在 10%、5%、1% 水平显著，年份、行业效应已控制。

本书研究实证检验了两代共同治理、二代自治两个阶段对于创新的影响，Common 的系数为 -0.010，具有显著性（$p<0.05$），表明处于传承时期家族企业的研发投入具有异质性，即两代共治阶段对家族企业研发投入的态度偏向于抑制，因此，H5-1 得到支持。关于二代自治对于企业影响的检验结果显示，Take 的系数为 -0.010，但结果并不存在较强显著性（$p<0.10$），说明二代自治阶段对于企业创新的影响无法得到确定，H5-2 无法获得支持。

四、稳健性检验

现有文献对研发投入的测量没有一致性的指标，学者们通常用研发投入与营业收入的比率、研发投入与总资产的比率或是研发人员与员工总数的比率来衡量。为减轻不同研发投入强度指标的差异性对于分析结果带来的影响，本书选取研发投入与总资产（RDA）比率作为研发投入强度的替代指标，重新对模型进行检验，表 5-5 给出了稳健性分析结果。Common 的系数为 -0.004（$p<0.01$），系数估计值、显著性水平基本与上述结果一致，H5-1 进一步得到支持。而检验家族企业二代自治阶段的创新特征显示，相较于上述结果，Take 的系数变为 -0.002，但是显著性水平依然处于较低水平（p <

0.1)，控制目标的抑制作用依然无法得到确定。因此，更换研发投入测量方式后，表5-4所得结论依旧稳健。

表5-5 稳健性检验的结果

研发投入比例 RDA		
变量名称	回归系数	T值
Common	-0.004***	-3.37
Take	-0.002*	-1.92
Size	-0.002***	-5.63
ROE	0.030***	6.42
Leverage	-0.007***	-2.94
Subsidy	0.002***	7.96
Duality	0.003***	3.47
R^2	0.2479	
Adjusted R^2	0.2317	
F-value	15.38	

注：*、**、***、分别表示在10%、5%、1%水平显著，年份、行业效应已控制。

第六节 本章结论和建议

一、研究结论

作为推动我国经济发展的中坚力量，家族企业正处于代际交替的高峰时期。此时，家族企业传统的发展方式正逐步被取代，创新驱动的转型升级成为家族企业保持竞争优势、实现可持续发展的关键。因此，处于传承时期的家族企业的创新投入问题变成了一个十分棘手但又迫切需要解决的难题。本书以沪深A股民营上市公司的数据为样本，以社会情感财富理论为理论基础，将传承时期划分为两代共同治理与二代自治两个阶段，将家族企业的双重目标纳入传承时期的研究，探究传承时期研发投入阶段性差异的影响机制。研究发现：（1）两代共治时期家族企业对于研发投入的态度存在阶段性差异，即与二代介入企业之前相比，父子两代共同治理抑制了企业的创新投入；（2）二代实现自治之后可能也同样会抑制创新，但这种抑制作用相对于两代共治阶段来说并不显著。

本书研究结论提供了两点启发：首先，将家族企业代际传承过程进行阶段划分。已有文献多将传承时期视为一个完整的阶段，采用个人特质作为单变量来研究创新投入，从而使不同角度的特质研究结果出现分歧。本书尝试深入分析传承时期，通过阶段划分更好地解释这种因不同阶段产生异质性的原因。这种阶段性的划分有助于更全面地理解家族企业传承时期创新差异问题，完善已有的研究。其次，将代表短期的控制目标与代表长期的经济目标同时纳入家族企业创新研究框架。事实上，对于控制目标的研究也属于家族企业异质性研究的一部分，而经济目标对于创新活动的激励也具有普遍共识，这进一步显示出将双重目标纳入家族企业研发活动研究的必要。综上所述，阶段划分以及经营目标纳入家族企业创新的研究，使得结果更具合理性，也为家族企业传承研究差异提供了更好的解释。

二、研究建议

鉴于两代共同治理期间家族企业对于创新产生的抑制现象，本书给出以下几点建议，希望对缓解这种创新投入困境有所帮助。

第一，从企业长远发展而不是当前境况着眼，继任者的选取需经过全面性考察，在某些情况下可以引入职业经理人而非家族后代。

第二，设计完善的代际传承实施计划，增加二代与利益相关者之间价值观以及理念的沟通，培养双方相互认同的基础，从而减少代际传承带来的内部冲突。

第三，改革与完善公司制度，通过对家族企业接班人培养过程的公开与透明以获取利益相关者的信任，减少合法性质疑对于继任者树立权威的阻碍，强化制度在公司战略决策过程中的关键作用。

第四，在对于继承人的培养中，注意对其创新导向的培养，提高其创新热情与失败容忍度，减少“速胜动机”带给企业的不良影响。

三、局限性和研究展望

本章研究的第二个假设检验结果呈负相关，但不具有很强的显著性。对于这一结果的解释是，目前家族企业尚处于传承高峰期，样本并不完善，从而无法支持上述理论。随着我国家族企业逐渐向二代治理过渡，这一阶段与企业研发投入呈现的负相关关系或许会变得更加显著，最终导致二代自治阶段实证结果呈现显著性。

由此，未来的研究应当持续关注代际传承的经济后果。随着关于我国民营企业创新研究的不断推进，未来必将会有合理样本来支持研究者进行更深入地探讨。笔者建议，家族企业代际传承未来的研究方向应当基于目前提出的代际传承阶段理论，探究传承进程中不同时期的投资融资决策、创新决策、公司治理等的异质性，同时揭露这种异质性产生的缘由以及对于家族企业未来发展的长期影响，从而对处于代际传承时期的家族企业财务决策与创新战略有一个更好的理解。只有将财务和战略行为与家族企业的长远目标紧紧地联系在一起，才能推动企业健康稳定地长期发展，并最终实现企业基业长青。

第六章　科技保险缓解融资约束促进企业创新研究

科技保险是一个较为新兴的保险品类，是金融支持创新的重要举措。《中华人民共和国国民经济和社会发展第十四个五年规划和2035年远景目标纲要》明确指出，完善金融支持创新体系，鼓励金融机构发展科技保险等科技金融产品。科技保险作为分散科技创新风险的金融科技工具，以其保险功能和资金优势，为科技型企业研发、成果转化和产业化活动提供风险保障、资金融通等服务，在促进企业创新方面具有独特优势，为我国自主创新战略的实施提供重要支持。

企业的创新活动受到很多因素的制约，其中科技风险和融资约束是主要障碍。谢科范（1995）指出，科技风险伴随着企业创新活动的全过程，一些企业为规避科技风险放弃具有战略意义的技术研发。而做此决策的，正是企业的管理者。管理层可能为了企业短期绩效目标并规避科技风险而放弃创新研发项目，该做法对企业经营的消极影响短时间内并不明显，但是不利于企业的长远发展。换言之，科技风险的存在会影响企业家精神向创新活动配置，从而促使企业家选择更加保守的战略，以避免研发项目失败可能带来的经济损失、利润波动，甚至是破产风险。科技风险影响企业家精神配置，进而影响企业创新。

如果说科技风险是科技创新的隐形阻碍，那么融资约束则直接影响企业研发活动的开展。企业的研发活动需要长期且稳定的资金支持，在资金不足的情况下，企业即使有好的科研项目也有心无力。科技风险的存在会增加企业融资的难度，提高融资约束水平，进而影响企业创新。综上分析，科技风险是企业创新的重要阻碍之一，也是本章关注的重点。

针对以上困境，科技保险因其保险属性，可以有效地分散参保企业的科技创新风险。首先，科技创新风险补偿机制可以在很大程度上弥补参保企业在研发项目失败时蒙受的经济损失，减轻企业管理者承受的业绩压力，进而提升管理者实施创新项目的意愿，促使管理者着眼于企业的长远发展而考虑具有战略意义的创新项目，推动企业家精神向创新活动配置。其次，科技保险可以有效提高参保企业的融资能力，拓宽融资渠道，缓解融资约束，从而获取更多的资金用于创新研发项目。

因此，本章是本书关于企业家精神与企业创新关系研究的重要补充章节。从科技保险的视角探究企业创新，也是一个较新的研究领域。在此引导下，本章对科技保险、融资约束和企业创新展开理论分析，探究科技保险对融资约束和企业创新的影响，并在此基础上提出具有针对性的建议。

第一节　文献综述

一、科技保险文献综述

（一）科技保险早期研究

谢科范（1995）在《科技风险与科技保险》中提出科技风险的定义："科研开发活动中，特别是科学技术转化为生产力的过程中，由于外部环境的不确定性、项目本身的复杂性及科研开发者能力的有限性而导致科研开发项目失败、中止、达不到预期的技术经济指标的可能性。"在此基础上，他分析了科研开发活动中的风险特征，同时指出，科技风险不仅其本身直接阻碍科技进步，而且也成为清除资金不足、体制不畅这两大障碍的阻碍，并结合我国国情提出了一系列发展我国科技保险的战略构想。在国外的相关研究中，贝克（Baker，2003）在《从工业社会到风险社会（上篇）》中提出，工业化时期以前人类所遭遇的各种自然灾害与工业化时期以后人们所面临的各种风险大不一样，来源于人类社会的风险可以推算，通过不断提高其精确度，人类防范风险的需求催生出一个不断发展完善具有可操作性的新技术方法——保险合同方式。

2007年，我国科技保险进入试行阶段。吕文栋（2008）结合科技保险试点的实施情况指出，科技创新过程极为复杂，同时科技风险不仅种类繁多，而且随着时间的推移呈现出波动的态势。因此，科技保险与一般的保险不同，具有一定的特殊性，主要表现在以下几个方面：集成性、弱可保性、正外部性和严重的信息不对称性。在科技保险的推广方面，吕文栋与谢科范观点一致，支持大力发展科技保险事业，并结合科技保险试点经验提出了更为全面具体的建议。其后，谢科范（2009）建立科技保险实施中三方不完全信息动态博弈模型并进行求解，更加深入地研究了科技保险的作用。作为国内早期研究科技保险的学者之一，谢科范的观点和研究成果对后来者产生了重要影响，相关文献也被广泛引用。

（二）政策性科技保险

在科技保险实行试点后，与科技保险有关的研究逐渐增多。一部分研究者结合我国国情论证政策性科技保险的合理性。邵学青（2007）提出，政策性保险属于非商业保险的范畴，经营政策性保险不是以盈利为目的，而是出于科技发展和社会进步的需要，故认为当前我国采取政府主导下的商业运作模式是合理的。同样，黄英君和赵雄（2012）指出，科技保险不同于一般的财产保险和人身保险，如果完全按照商业保险的模式进行运作会出现市场失灵的情况；并对政策性科技保险实施财政补贴的合理性进行论证，进一步分析了最优财政补贴的规模。在国外的研究中，萨克斯（Sachs，2016）结合美国通过医疗补助的处方药保险实例，对保险业如何为创新提供有针对性的激励方面做出思考。

（三）科技保险定价与购买意愿

由于科技创新活动的复杂性，科技保险的相关价格很难确定。李启才（2015）分析了科技保险定价存在困难的原因，并提出了有效的定价改进方法和策略。很多学者关注企业科技保险购买意愿的影响因素，例如，吕文栋（2014）从管理层的角度，探究其风险偏好、风险认知及其交互效应对企业科技保险参保意愿的影响，并经过实证研究得出结论：管理层风险偏好和风险认知对企业风险管理决策具有重要影响。同时，李红坤（2015）也通过调查问卷，以山东省 257 家高新技术企业为样本，对影响高新技术产业科技保险需求的各种因素进行实证分析发现，除了管理者对科技风险、科技保险的认知程度之外，管理者的受教育水平、保费补贴水平、保单保障水平、理赔满意度等指标都会影响科技保险需求。此外，王媛媛（2016）在对高新技术企业投保科技保险行为影响因素的实证分析中发现，企业科技保险投保需求也受到企业类型、企业性质、注册资本、员工总数、企业面临的主要风险、风险集中阶段及信息获取渠道等因素的影响。综合来看，企业的科技保险购买意愿受到多种因素的影响，其中，管理者对科技保险的认知程度与风险偏好影响程度较大。

二、融资约束文献综述

（一）融资约束理论

企业融资约束问题广受学者们的关注。莫迪利亚尼和米勒（Modigliani and Miller，1958）提出假设：在完美的资本市场中外部融资成本与内部资金成本之间不存在差异，二者可以完全替代；并指出现实世界中并不存在真正意义上的完美的资本市场，外部融资的成本通常高于内部资金成本，企业的融资能力总是在很大程度上影响其投资行为。之后不少学者对外部融资成本高于内部资金成本的原因进行探究，归结为信息不对称和代理成本等市场不完备因素。格林沃尔德等（Greenwald et al.，1984）、迈尔斯和迈基里夫（Myersand Majluf，1984）运用信息不对称理论对企业融资约束的原因进行分析发现，企业面临的融资约束程度与信息不对称程度正相关，并提出了著名的融资优序理论。伯南克和格特勒（Bernanke and Gertler，1989）指出，代理问题同样会对企业融资约束产生很大影响。在上述研究的影响下，越来越多的学者关注企业融资信息不对称和代理成本问题。

（二）融资约束特征现象

实力雄厚的企业可以优先使用内部资金，然而在内部资金不足的情况下，企业不得不通过外部融资来筹措资金。霍尔（Hall，2010）在《研发和创新的融资》中指出，企业向外部融资承担较高的成本，风险资本的存在对此有所缓解，但是风险资本作为解决资金缺口的办法存在局限性，特别是在资本市场不发达的国家。阿莫尔（Amore，2013）根据企业所在行业高于或低于洲际银行业放松监管时所筹集的跨行业外部金融资本的中位数对企业进行分类研究，发现银行业放松管制可以降低企业获得信贷的融资难度。邓可斌（2014）归纳了企业融资约束与市场不完备性紧密相关的金融学理论基础，包括融资约束具有四个特征现象：第一，融资约束源自市场竞争摩擦引致的流动性约束，并且具有不可分散的特性；第二，企业融资约束越高，企业特质风险越高；第三，技术创新产出越多的企业，其投资者会要求获得更高的股票超额收益；第四，融资约束能够解释规模效应。此理论框架在中国并未得到验证。

（三）融资约束的影响因素

霍尔（2016）的研究表明，融资约束会对企业产生负面影响，尤其是规模较小的企业。也有学者从融资约束对企业发展的积极作用方面进行分析，得出不同的结论。陈燕宁（2017）的研究表明，融资约束对研发投资与企业绩效存在正向的调节作用，与低融资约束企业相比，高融资约束企业的研发投资对企业绩效的促进作用更加明显。褚杉尔和高长春（2019）立足于金融市场信息不对称的现实，结合文化创意企业的特性进行实证检验，得出融资约束会抑制文化创意上市公司的创新绩效，而企业家专业技能资本可以改善融资情况的结论。

此外，通过进一步检验，发现融资约束主要存在于金融发展水平较低的地区，而在金融发展水平较高的地区，这种抑制作用并不明显。其他方面，张璇（2017）按照企业规模、所有制类型和资本要素密集度划分样本进行分析，发现信贷寻租会加剧融资约束，其抑制作用在中小企业、民营企业和资本密集型企业中表现得尤为突出。黄婷婷和高波（2020）从金融市场发展的角度进行实证研究，发现金融发展会缓解企业面临的融资约束，进而促进企业生产率提高，同时考虑到产权结构差异的影响，通过比较分析发现，国有上市企业的显著性稍强。而从地区差异看，东部地区提升作用最为显著，中部地区次之，西部地区最弱。

三、文献总结

通过回顾相关文献可知，由于科技保险出现时间较晚且发展尚不成熟，导致很多文献着重于探析其发展过程中出现的问题。例如，首先，科技保险本身的集成性、弱可保性、正外部性和严重的信息不对称性使得其与其他品类保险不同，这也导致科技保险在定价上存在困难，这是其中一个研究方向（吕文栋等，2008）。其次，目前科技保险在国内市场上存在供给与需求都不足的问题，如何推广科技保险成为另一个研究热点。最后，针对科技保险投保需求影响因素的研究中，一些学者发现，管理者风险偏好和风险认知对其投保需求影响较大。虽然科技保险的试行遇到一些阻碍，但是大部分学者对科技保险的前景充满信心，普遍认为应该大力支持推动科技保险发展以促进我国自主创新能力的提升，并结合我国国情从多个角度论证了实行政策性科技保险的合理性。

而在企业融资约束的研究上，学者们存在一些分歧。大部分学者认为融资约束会阻碍企业的发展。但是也有一部分学者的研究表明，高融资约束企业的投资对绩效的促进作用会比低融资约束企业更加明显（陈燕宁，2017）。企业经营离不开资金支持，现有文献从多种角度分析论证融资约束对企业的影响，例如，部分学者研究发现，国有企业民营化会加剧企业融资困难（余明桂等，2019），当企业遭遇信贷寻租时，融资约束对企业的制约作用更强（张璇等，2017），而金融发展能有效缓解融资约束（黄婷婷和高波，2020）。

综上所述，虽然很多学者对科技保险或融资约束分别进行过研究，但少有文献将科技保险、融资约束和企业创新结合起来。实际上，科技风险不仅直接制约着科技进步，而且也成为清除企业创新资金不足、体制不畅这两大障碍的阻碍（谢科范，2009）。基于此，本书将科技保险和融资约束结合，从融资约束的角度分析科技保险对企业创新的作用。目前，科技保险在我国仍处于初步发展阶段，本章研究对推动科技保险的普及也具有一定的理论价值和现实意义。

第二节　科技风险与科技保险概述

一、科技风险

科技创新活动可能最终失败、出现较长时间的中止或完成后与预期目标存在较大差距，这些可能性都是阻碍企业自主创新的科技风险（谢科范和倪曙光，1995）。科技风险的来源有三个方面：首先，外部环境存在不确定性，包括国内外政治经济形势、科学技术发展以及其他不可抗力；其次，项目本身通常较为复杂，需要长期投入大量人力和资金，或者技术上过于超前，现有研究不足；最后，企业能力有限，无法吸引科研人才，或者在资金、技术、生产和市场推广等方面存在困难。

在这些外部因素和内部因素的共同影响下，企业的创新活动面临不同程度的科技风险。根据项目研究开发的阶段不同，科技风险可分为技术风险、生产风险和市场风险，涵盖从创意开发到形成实验室成果、从小规模生产到批量生产，以及新产品进入市场后面临的各种未知风险。

企业研究开发活动面临的科技风险具有风险收益对称的特点，即风险越高的项目往往带来更大的预期收益。而随着技术开发过程的推进，企业自主创新面临的一些不确定性因素将逐步转化为确定性因素，风险随之减小。同时，由于项目进行的时间周期长，累计投入越来越多，二者构成科技风险变动的一对矛盾因素（谢科范和倪曙光，1995）。

二、科技保险的定义与分类

保险是人类应对风险的产物。科技保险的产生基于科技创新活动中存在的风险分散需求。与一般保险不同，科技保险是以企业研究开发过程中面临的科技风险为保险标的，在投保的风险范围内、发生事故时向保险公司要求赔付的保障方式。科技保险利用其保险功能和资金优势，为科技企业研发、成果转化和产业化活动提供风险保障、资金融通等服务，从而达到分散科技创新风险的作用。

在科技保险推行后，企业或研发机构可以根据自身的风险厌恶程度，转移技术创新活动中的科技风险，向保险公司投保某一单独险种以规避特定的风险，或在高风险阶段购买组合式的保险以获得更加全面的保障。目前，我国科技保险的险种有人身险、财产险、责任保险和信用保证险四大险种类型。未来还需要进一步扩大险种范围和类型，以满足企业控制风险、全面保障的需求。

三、科技保险的功能分析

科技保险可以在一定程度上降低和化解科技风险，具有弥补损失和分散风险的基本功能。企业根据自身需求对研究开发过程中面临的科技风险进行投保，当保险单承保的风险发生时，保险公司会按规定进行赔偿。科技保险把科技企业的科技风险在时间、空间和不同主体之间分散，发挥保险的风险分散、社会互助作用。通过科技保险，企业创新的损失得到补偿，风险被转移，从而可以促进企业研发投入，提高整体技术创新能力。

例如，若企业投保财产险，当关键研发设备出现故障时，保险公司利用集聚的保金帮助投保人对受损失设备进行维修，同时根据保险合同的规定，派专门的现场勘探人员和理赔人员进行经济补偿。这一举措可以有效帮助参保企业降低研发过程中因科技风险带来的损失，避免项目被迫中止。除此之外，由于科技保险标的的特殊性，还具有提高企业风险管理能力、降低研发成本和实现企业资金融通的派生功能。

四、科技保险的特征分析

科技创新的过程极为复杂。故科技风险不仅种类繁多，而且还随着时间的推移呈现出波动的态势。因此，与其他保险相比，科技保险具有一定的特殊性，主要表现在集成性、弱可保性、正外部性和严重的信息不对称性(Baker and Wang，2003)。

第一，集成性。科技风险具有多样化的特征，不可能用“科技保险”这一个险种的形式开展。通过科技创新的过程分解和风险细分，使得有些风险具有可保性。这种整体不可保、分解则可保的特征，决定了科技保险只能以一揽子保险的方式出现的集成性特征。

第二，弱可保性。科技风险不是纯粹的风险，而是带有一定的投机性。并且科技创新活动涉及行业广泛，创新的内容、方法以及面临的具体风险等方面差别迥异，加上科技创新活动与科研人员能力等因素密切相关，具有很大的主观性。因此，这些因素导致科技保险具有弱可保性的特征。

第三，正外部性。我国的科技创新扶持体系的核心障碍是高科技风险，而科技保险的介入可以提供专业化的风险保障，完善科技创新的扶持体系，使其更有效率地运作。因此，科技保险具有正外部性的特征。

第四，严重的信息不对称性。科技创新涉及广泛的技术前沿问题，保险公司缺乏相关承保经验，故项目的风险难以预测。因此，科技企业、保险公司和政府客观上存在着三方信息不对称的一种动态博弈。

第三节　我国企业融资约束的特点和影响因素

一、我国企业融资约束的特点分析

企业经营活动需要充足的资金。当自有资金无法满足时，企业不得不向外部融资以弥补资金空缺。尤其对于处于高速成长期的高新技术企业来说，企业的融资能力很大程度上影响着企业的项目投资和未来发展。

目前，受企业规模、企业性质和企业所处地域位置的影响，我国企业面临的融资约束程度差异较大，具体表现为：

第一，在企业规模方面，一般来说规模较大的企业不仅内部资金充足而且具有更多的融资渠道，面临相对较小的融资压力，而成长期的中小微企业融资约束普遍较大，即使有好的项目，但由于缺乏资金也很难开展。

第二，在企业性质方面，国有控股企业在获取外部资源如银行贷款等方面拥有更多优势，而民营企业在这方面则会遇到更多阻碍，需要承担较高的融资成本。

第三，在地域位置方面，东部地区的企业往往会有更多的融资渠道，更多的资金融通，而中西部地区由于经济发展相对落后，企业融资约束的程度较大。

二、我国企业融资约束的影响因素分析

第一，金融市场的发展水平。改革开放后，我国金融市场快速发展，虽然与发达资本市场相比仍存在不足，但市场规模巨大，已成为世界第二大资本市场。我国金融市场的发展体现在以下方面：首先，在金融机构上，我国已形成多家商业银行与非银行金融机构并存的局面；其次，在资本市场上，我国有上海证券交易所主板市场与科创板市场，深圳证券交易所主板市场、中小板市场及创业板市场等多样化的资本市场（潘红波和杨海霞，2021）。我国正逐步开放资本市场，将吸引更多的境外资本进入。完善的金融市场能够显著降低企业的融资成本，从而缓解企业创新面临的融资约束（潘红波和

杨海霞，2021）。

第二，政府政策的影响。首先，政府出于国家发展战略需求，会在不同时段实施不同的产业政策以促进特定产业的快速发展，被扶持的产业更容易获得银行贷款等资源，融资渠道得到拓宽。其次，税收优惠政策能直接减轻企业的税收负担，减少企业现金流出，增加内部资金积累，从而有效缓解资金约束。再次，政府提供的资金补助在很大程度上能够有效缓解企业融资约束，尤其对于盈利水平较低的成长期企业，效果更加显著。最后，政府政策在直接缓解企业创新融资约束的同时，也向利益相关者传递积极信号，从而间接缓解企业融资约束。

第三，企业性质的影响。不同企业的融资结构、产权性质、高管特征以及是否上市等因素都会影响企业的外部融资能力（潘红波和杨海霞，2021）。首先，在融资结构方面，现金流充足的企业可以优先使用自有资金开展项目，而内部资金不足的企业则更多地需要通过发行股票或债券以及银行贷款等方式进行融资。其次，在产权性质方面，我国企业融资约束与公司股权结构关系紧密，在企业资源获取能力上，国有企业通常更易获得政府补贴和信贷资源。因此，国有企业的资金较为充足，面临较低的融资约束；而民营企业在一定程度上面临“信贷歧视”，获取银行贷款的难度更大，承担更高的融资成本。再次，在高管特征方面，作为企业的决策者，高管本身拥有一定的社会资源，在企业面临资金约束时能够有效拓宽融资渠道，从而缓解企业融资约束。最后，在是否上市方面，企业上市能够利用发行股票的方式获取资金，拓宽融资渠道。另外，由于股权融资没有还本付息的压力，能够更好地契合高风险、长周期的创新项目。

第四，项目风险的影响。企业融资的难易程度和成本高低与项目风险有着密不可分的关系。项目风险越大，企业越难以获得融资或者需要承担较高的融资成本。理性投资者在选择投资项目时，往往会考虑本金的安全，如果项目风险过大可能导致本金无法回收，投资者普遍选择放弃该项投资。故当企业进行科技创新活动而向外部融资时，项目的高风险性将阻挡许多保守型投资者的进入，尤其是包括银行在内的债权人。即使该项目极具投资价值，积极型投资者也会要求与高风险特征相匹配的超额收益，导致企业融资成本提高。此外，分析师在企业融资方面可以发挥一定的积极作用，他们对企业进行研究分析，可以把企业信息传递给利益相关者，降低信息不对称并提高信息透明度，进而缓解企业融资约束（潘红波和杨海霞，2021）。

第四节　科技保险缓解融资约束促进企业创新

当今时代，创新是经济发展的第一动力，科技创新对提升一国在国际社会上的竞争力具有重大意义。在国家高度重视企业自主创新能力的大背景下，科技保险作为一项重要的科技金融工具受到更多关注。为实施创新驱动发展战略，我国大力支持科技保险的发展，不断完善科技保险政策法规，推动承保机构建设，利用保费补贴税收优惠等方式激励企业参与科技保险。在企业进行研发、成果转化和产业化活动的过程中，科技保险可以提供风险保障、资金融通等服务。科技保险的发展可以在一定程度上解决企业后顾之忧，激励企业加大研发投入，提高自主创新能力。科技保险具有多种功能，在缓解企业融资约束推动科技创新上的作用主要分为三个方面：保险赔偿弥补损失、拓宽企业融资渠道和降低企业融资成本。

一、保险赔偿弥补损失

弥补损失是科技保险最直接、最基本、最重要的功能。作为创新的主体，企业积极为面临的科技风险投保，在项目失败时可获得保险公司给予的科技保险赔偿金，有效弥补企业在科技研发过程中发生的损失，有效降低科技风险，缓解融资约束，进而促进企业创新活动的开展。

企业向保险公司投保后，如果发生在投保范围内的意外，保险公司将依据合同规定对企业进行赔偿。科技保险按照投保对象不同，分为人身险、财产险、责任保险和信用保证险四种险种。其中，人身险适用于：若企业高管人员或关键研发人员遭受意外事故或疾病，保险公司将派专门理赔人员，根据高管及关键研发人员团体健康险和团体意外险规定，按照真实情况进行经济补偿。财产险适用于：若企业由于意外造成财产物资损失，保险公司将按照高新技术企业财产保险的综合险或高新技术企业关键研发设备保险规定，对企业发生故障的关键研发设备进行维修，并就由此故障导致的经济损失进行赔偿。因此，企业通过投保科技保险，可以有效防范和抵御研发过程中面临的风险，在科研意外发生时获得保险赔偿。

科技保险赔偿金作为一项营业外收入，对于企业具有重要意义。一方面，企业可以利用这笔保险赔偿继续该科研项目的研发。有些科研项目对企业具有重大战略意义，或已经取得一定进展，继续进行仍可为企业带来预期收益和竞争优势。这类研发项目在总结反思吸取教训后，经过调整改进，在保险赔偿资金的支持下，可以继续进行。针对这种情形，科技保险赔偿金可以弥补参保企业技术创新资金投入增加的空缺，在保障科研项目的持续性方面作用显著。另一方面，科技保险赔偿金也可以用于其他更有价值的项目。对于已经失败且前景黯淡的科研项目，企业之前的人力投入、财力投入、物力投入和时间投入付之一炬。在这种情况下，应舍弃原项目，利用赔偿金收入去投资其他更有价值的项目，这对企业的综合效益起到积极作用。

二、拓宽企业融资渠道

科技风险作为科技创新活动的主要“拦路虎”之一，不仅降低企业在技术创新方面的积极性，而且对企业融资造成很大阻碍。投资者在选择投资项目时，往往会权衡投资收益与风险，若预期收益与需要承担的风险不对等，他们会选择放弃该项投资。科技创新活动本身存在很多不确定因素，项目能否形成成果、能否推向市场等都无法准确预期，这种高风险特征让很多保守型投资者都不敢尝试。而对于债权人而言，他们的收益率是固定的，会更多考虑本金的安全问题。以科技信贷为例，现实情况是银行对于该项业务积极性不高，仅当作一种政策性任务来完成。究其原因主要是技术创新活动风险大，银行面临贷款无法回收的问题，加上收取的利息与承担的风险不对等，进而大大降低银行的放贷意愿。

针对以上情况，科技保险可以有效帮助企业拓宽融资渠道。保险是市场化的风险转移机制、社会互助机制和社会管理机制。保险公司会对参保企业科研项目的风险进行专业评估，在企业研发项目发生意外时按照保险合同规定进行赔偿。企业通过参保科技保险，可以把科技创新过程中面临的风险向外转移，转嫁给保险公司，而保险公司发挥其中介作用，实现科技风险在时间、空间和不同风险单位主体的分散。因此，科技保险利用其保险功能和资金优势，可以为参保企业研发、成果转化和产业化活动提供风险保障服务，有助于企业拓宽融资渠道。

三、降低企业融资成本

由于不同经济个体获取信息的能力存在差异，信息不对称现象是客观存在的。科研项目具有高度的专业性、创新性和保密性。对于企业而言，科研创新成果是企业核心竞争力所在，企业管理者不可能把这些信息全部公开。金融机构和外部投资者在掌握信息不足的情况下衡量项目价值存在困难，使得不同的科研项目趋于同质化，故可能导致真正具有经济价值的项目被忽视。另外，根据代理成本理论，股东和债权人的利益存在冲突，股东分享剩余价值且承担有限责任，因而更偏向高收益项目。作为应对，债权人会一方面提高放贷价格，另一方面加强监督（主要表现在监督成本和担保成本）。因此，由于信息不对称，外部投资人通常会通过投资收益率等指标来衡量企业的能力与价值，或提高贷款利率，这些都提高了企业的融资门槛，造成融资成本上升。

针对以上情况，科技保险可以在满足企业保密性的前提下，对外释放积极信号，有助于降低企业融资成本。根据信息不对称理论，如果市场存在信息不对称，掌握信息较少的一方会处于不利地位从而进行逆向选择。逆向选择在科技创新融资市场上的表现为投资者偏向于短平快的低风险项目，而减少投入可能更具战略意义的高风险项目，这导致企业的一些关键技术创新项目因难以得到贷款支持而陷入融资困境，或者融资成本居高不下。作为掌握信息的一方，企业可以通过信号传递的方式主动释放积极信号使投资者在选择时能够有一定的参考依据，让双方重新回到均衡的交易局面，进而化解信息不对称带来的融资难、融资贵问题。并且，企业参保科技保险对于投资者来说是一个积极的信号，说明企业的科研项目经过保险公司的风险评估且具有风险保障。此外，有些科技保险险种受到政府的高度重视，企业还能获得政府的高额保费补助。

第五节　本章结论和建议

科技创新利国利企，科技保险作为国家重点关注的科技金融工具在推动企业创新方面具有重要意义。一方面，科技保险可以分散企业技术创新过程中面临的科技风险；另一方面，投保科技保险的企业在创新活动出现意外时可获得保险赔偿金，弥补企业的研发损失。现有文献大多通过实证的方法探究科技保险对企业创新的影响，而本章以融资约束为切入点，运用理论分析的方式探究科技保险在缓解融资约束促进企业创新方面的作用。

研究发现，科技保险对于缓解企业创新过程中的融资约束具有积极作用。首先，保险赔偿作为一笔资金直接流入公司，既可以用于该科研项目的继续开展，也可以用于其他更有价值的科研项目。其次，参保企业经过保险公司的风险评估且具有风险保障，可以有效帮助企业拓宽融资渠道。最后，科技保险可以让企业在满足保密性的前提下有效释放积极信号，有助于企业降低融资成本。此外，科技保险在缓解企业融资约束上的独特作用，可以帮助企业进一步认识科技保险的价值，促进其有效使用科技保险并提高创新意愿。

我国政府高度重视科技保险的发展，出台了保费补贴等政策措施支持科技保险的推广。但是，在推行过程中，仍遇到一些困难。例如，保险公司的供给意愿不强、企业的参保意愿较弱、保险中介机构缺失等问题。这些问题的根源，可以从信息不对称的角度给予解释。第一，对于保险公司而言，科技保险不同于一般的财产险，很难通过量化指标进行认定，且科技创新活动具有高度保密性，这加剧了信息不对称，削弱了保险公司的供给意愿；第二，对于企业而言，企业对于科技保险产品的认知有限，且保险合同具有很强的专业性，缺乏保险知识和参保经验的企业参保意愿较弱；第三，对于政府而言，科技企业、保险公司的业务能力和动机等信息难以完全掌握，若政策运用不当，投入的财政可能无法实现促进企业创新的政策目的。

针对以上问题，本书提出以下三点建议。

第一，完善科技保险赔付流程，提高保险公司赔付效率。保险公司作为科技保险的承保机构，要提高自身服务意识，制定一系列标准化条例，在参保企业科研活动发生意外时提供及时有效的理赔服务。在人才储备上，保险公司应重视科技保险专业人员的培养。科技保险不同于一般的财产险，保险认定和理赔程序相对复杂，保险人员需要在学习和实践中提高专业能力，积累相关经验，以提供更优质的服务。另外，科技保险赔偿是否能够及时给付企业至关重要，保险公司应制定标准，规范理赔时间，提高赔付效率。例如，保险公司专业工作人员到现场查勘的时间，保险赔偿金给付的时间，遇到客户投诉的反馈时间等，保险公司在这些问题上应该有具体的要求。这样不仅可以增强可操作性，也利于进行有效管理，提高科技保险的服务质量。

第二，发挥科技保险担保功能，提高企业融资能力。科技保险作为一项重要的科技金融工具，为企业的研发活动提供风险保障服务，在一定程度上可代替保证金等传统担保条件。企业应认识到科技保险的价值，在商务谈判中利用已投保科技保险的优势进行多渠道融资，从而缓解企业资金压力。例如，有重大科技突破且具有自主知识产权、但尚未取得市场业绩的首台（套）重大技术装备在推向市场的过程中，应客户要求，可能需要扣押一定比例的货款作为质量保证金。此时，企业若投保首台（套）重大技术装备保险，则可在商务谈判中利用保险替代押金，加快资金回笼，缓解融资约束。

第三，推动科技保险信息公开，传递企业积极信号。科技创新事关企业核心竞争力，又具有高度保密的要求，故投资者很难对其进行准确衡量，可能存在高质量技术创新活动被忽视的情况。企业参保科技保险后，可以对相关信息进行部分公开，这不仅能够防范和化解科技风险，而且能够使投资者有机会获取企业相关项目信息，降低信息不对称，进而减小因双方信息不对称带来的融资成本增加。除此之外，某些科技保险险种受到政府重点关注和大力扶持，这在很大程度上暗示着参保企业科研项目的价值。如果企业把该项科技保险相关信息在一定程度上公开并进行宣传，可以向市场释放强烈的积极信号，以此提高投资者的关注度。

第七章　典型行业分析：生物技术企业创新

随着基因组学、蛋白质组学、代谢组学等技术和方法的发展，分子生物学家从认识和利用生物的时代进入了改造和创建物种的新时期。近年来，生物技术广泛渗透医药、农业、制造、能源等传统领域，并成为环保产业的重要技术。很多迹象表明，生物技术产业虽然产生历史不长，但已进入飞速发展期。生物技术产业涉及生物医药、生物农业、生物制造、生物能源和生物环保五大产业，其产业发展对国民经济发展有很强的带动作用。在主要发达国家，生物技术产业已经作为战略性支柱产业，得到了高度的重视。

目前，在全球范围内，生物技术产业规模迅速扩张，产业集聚效应增强。2016年，全球主要生物技术发达地区的生物技术上市公司销售收入达到1394亿美元，实现净利润79亿美元。在市值方面，主要生物技术发达地区的生物技术上市企业总市值在2016年已经达到8625亿美元。其中，生物医药产业是最重要的细分产业，占全球生物技术产业总产值的46.3%。[①] 近十年来，中国生物技术产业发挥"后发优势"，发展迅速。2012年，中国生物技术产业总产值达到2.4万亿元，增长了20%，大幅度超过全球生物技术发达地区8%的增长速度。[②] 上海、北京、深圳和广州的生物产业已经初具规模，产生了一定的产业集聚效应。

然而，中国生物技术产业在发展过程中，仍然呈现出较多的制约因素：第一，目前中国生物技术企业研发投入很低，创新能力不足。第二，中国现有的制度结构缺乏健全的法律环境、金融环境、税收政策、技术发展支撑体系、社会网络、知识网络和企业制度等，无法为生物技术创新和产业发展提供良好的环境和制度保障。第三，中国生物技术企业在战略管理、风险管理、

① 2017年安永报告。

② 国家发展改革委高技术产业司. 生物技术产业发展特点及趋势展望［J］. 宏观经济管理，2013（7）：26－27。

技术管理和生产管理等方面的水平都有待提高。

第一节　生物技术与生物技术企业界定

一、生物技术界定

在人类历史的长河中，对生物原料和生物系统的加工和应用已经有很长的时间。数千年来，人类将生物技术方法运用于农业种植、食品加工和医药配制中，提高了人类的种植和医疗水平。可以说，作为一种实践活动，生物技术的起源非常早，其发展伴随着人类文明的进步和社会的发展。早期的生物技术，主要是以酿造技术为主的初级加工方法，是人们在实践中的摸索和经验的传承，没有科学理论和方法作为支撑。早期的生物技术被称为“传统生物技术”。

进入 20 世纪后，随着生命科学的开创性进步，生物技术得到了前所未有的发展，进入了“现代生物技术”发展阶段。对现代生物技术较为权威的解释，是经济合作与发展组织（OECD）于 1982 年提出的：生物技术是应用自然科学和工程学的原理，利用动物、植物或者微生物作为反应器，对生物原料进行加工，进而生产出生物技术相关产品，为人类社会服务的一门技术。

总结起来，“现代生物技术”是以生命科学（life science）的产生和发展为基础，以分子生物学（molecular biology）为关键性技术，以基因重组技术为核心，与多种学科高度交叉融合，并依赖于相关工程应用技术的发展水平的一门新兴的学科。生物技术的实质是利用生物系统、有机体或者其衍生物，实现对传统产品的改造，或者创造新的产品，以达到提高人类社会发展水平的目的。

现代生物技术的范畴非常广。生物技术与其他学科广泛融合，形成多个交叉学科，主要包括：基因重组技术、转基因工程、蛋白质工程、细胞工程、酶工程、发酵工程等。另外，现代生物的应用领域也非常广阔。近年来，生物技术广泛渗透人口与健康科学、农业科学和工业生物科学等传统领域，并成为环保产业的重要技术。

二、生物技术企业界定

生物技术企业（biotechnology companies）指的是，运用现代生物技术进行研究或者生产活动，属于生物技术产业范畴的一类企业。因此，要界定生物技术企业，就需要界定生物技术产业。

生物技术产业是高科技产业的典型代表。2010 年 10 月 18 日，国务院正式发布了《国务院关于加快培育和发展战略性新兴产业的决定》，明确将生物技术产业列为国家重点支持的七大战略性新兴产业之一。

目前，在全球范围内，生物技术已经广泛渗透入传统行业，产生非常多的应用领域。这些不同应用领域中的技术，处于不同的产业化阶段。有些技术尚处于理论提出阶段，有些技术处于实验室研发阶段（包括技术实现、技术集成，或者产品开发阶段），有些技术已经进入产业化生产阶段。

生物技术产业（biotechnology industry）指的是，在生物技术诸多应用领域中，目前基础科研和应用技术较为成熟，已经进入产业化生产、具有一定市场规模、形成了较为完整产业链的细分产业的总和。现阶段，全球生物技术产业主要包括五大细分产业，分别为：生物医药产业、生物农业产业、生物制造产业、生物能源产业和生物环保产业。

（一）生物医药产业

生物医药产业是最早形成规模的细分产业，目前在全球的生物技术产业结构中，贡献了近一半的产值和销售收入。生物医药产业是生物技术在传统医药产业的应用，包括生物制药、生物医药工程和中药治疗（少数国家）等。生物医药产业的发展，极大地转变了传统医药产业的经济技术范式。

（二）生物农业产业

生物技术在农业中的应用已经有非常长的历史。目前，主要的应用领域有生物种业、生物饲料、生物农药、生物疫苗、生物肥料和生物育种等。其中，以转基因作物育种为核心的生物育种是目前最前沿的领域。另外，生物农业产业还包括生物技术在食品加工和海洋业的应用。

（三）生物制造产业

生物制造产业是生物技术与传统工业的结合，对传统生产技术的改进主要包括酶工程和发酵工程。

（四）生物能源产业

生物能源产业是运用生物技术生产清洁能源的产业。随着能源危机的逐步显现，世界上许多国家已经开始推行以开发应用低碳能源技术为核心的能源改革计划。发展生物能源产业是建设资源型社会，实现社会、经济和环境可持续发展的基本要求。

（五）生物环保产业

生物环保产业是历史最短的产业，是生物技术在废弃物处理、土壤修复、有机物降解领域的应用。

值得指出的是，本章提及的生物技术企业，主要来自以上这五大细分产业。

第二节　生物技术产业发展现状与特征

生物技术产业在全球范围内是个朝阳产业。世界各经济技术强国都在进行主导技术和主导产业的更替，把生物技术产业作为战略性、先导性产业重点发展。在世界主要发达国家，生物技术产业处于其生命周期的调整发展阶段，体现在产业规模增长放缓，产业集中度进一步加强，企业并购活动活跃。

在中国，生物技术产业是国家战略性新兴产业之一，得到国家层面的重视。近十年来，中国生物技术产业发挥“后发优势”，发展迅速，主要体现在产业规模大幅度扩张，产业布局初步形成，产业结构与国外发达地区趋同。然而，产业发展的过程中，仍然呈现出较多的制约因素。

一、生物技术产业生命周期

生物技术产业源自生命科学技术。其产业的发展起源于美国，而后欧洲、日本、加拿大、澳大利亚等国家的政府也开始重视该产业的发展。迄今为止，全球生物技术产业经历了40余年的发展历程，从一个新兴的初创产业发展成现今的具有一定规模的产业。目前已经形成了四个主要的生物技术产业发达地区，包括美国、欧洲、澳大利亚和加拿大。图7－1总结了2008～2016年全球四个主要的生物技术产业集聚的地区（美国、欧洲、澳大利亚和加拿大）证券市场上市的生物技术公司的发展状况。

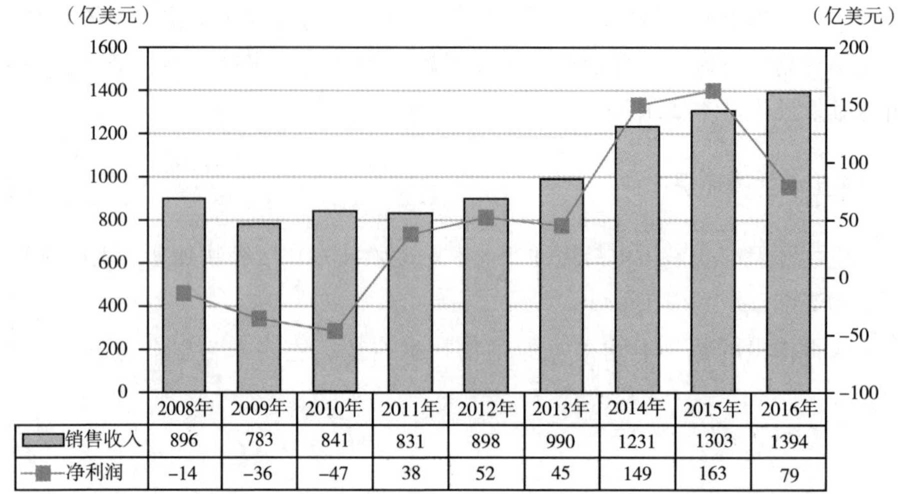

图7-1 2008~2016年全球重要生物技术发达国家产业九年的发展状况

资料来源：数据总结自2009~2017年的安永生物技术产业报告。

表7-1总结了近40多年来国外生物技术产业发展的历程和不同区间的主要特征。

表7-1 国外生物技术产业发展历程

时间跨度	主要阶段特征	产业发展特征	企业发展特征
1970~1980年	产业孵化阶段	产业处于孵化阶段	科学家与风险投资商共同创业，风险非常大
1980~2000年	产业形成阶段	产业规模较小，主要产业集群形成，市场集中度较低，产业政策效果显著	研发密集，资金投入巨大，未能形成利润，风险很大
2000~2007年	产业集聚发展阶段	产业规模迅速扩张，产业集聚发展，市场逐步成熟	超越盈亏平衡点，实现净利润，销售收入增长超过研发支出增长，风险降低
2007~2010年	产业调整发展阶段	产业规模增长放缓，产业集中度进一步加强，进入调整期	企业并购活动活跃，销售增长放缓，风险增大
2011年至今	产业稳步发展阶段	产业规模稳步增长，产业集聚的经济效应显著，主要产品市场成熟	企业实现中等幅度净利润，前期投资开始回收，风险降低

一个产业的生命周期，可能仅仅数十年，也可能延续非常长的时间。生物技术产品的研发是基于生命技术科学的发展，关注的是如何从根本上解决

人类社会发展面临的一些重大问题，如资源衰竭、人类健康以及环境污染。生物技术产业的发展对社会、经济和环境的协调可持续发展，具有非常突出的带动效应，其产业发展将延续非常长的生命周期。

在较长的生命周期中，作为高技术产业的典型代表，生物技术产业将经历多个技术范式的更迭。目前，全球范围内的生物技术产业正处于第一个技术范式周期中，即分子生物学范式。当一个技术范式的创新能力和功能达到自然极限时，市场饱和或者产生新的需求，原有技术范式本身难以产生新的突破。这时市场需求和下一个突破性技术创新将催生新的技术范式。当一个新的技术范式取代旧的技术范式时，将开启新的产业生命周期，实现周期的更迭发展。

依据产业生命周期理论，一个产业从形成到衰退，通常经历四个主要的发展阶段，分别是幼稚期、成长期、成熟期和衰退期。根据国外生物技术产业的发展历程，生物技术产业在发展的幼稚期，根据不同时期的特征，可进一步地划分为产业孵化和产业形成阶段。成长期可进一步划分为产业集聚发展、产业调整发展和产业稳步发展三个阶段。成熟期可分为前成熟期和后成熟期。在后成熟期，生物技术产业较为可能出现技术范式的更迭，从而开启出新的生命周期，如此往复。图 7－2 描述了基于技术范式更迭的生物技术产业生命周期。

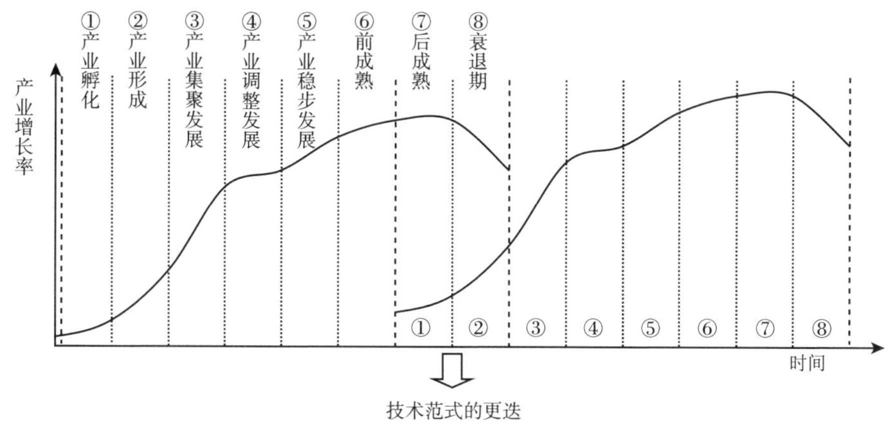

图 7－2　基于技术范式更迭的生物技术产业生命周期

根据产业发展特征和企业发展特征分析，目前，国外生物技术发达地区的生物技术产业处于第一个技术范式生命周期的第⑤个阶段，即产业稳步发展阶段。主要特征是产业规模稳步增长，产业集聚的经济效应显著，企业并购活动活跃，销售稳步增长。

在中国政府的大力扶持下，中国生物技术产业已形成一定的规模，产业发展迅速，上市企业实现盈利，但仍然尚未进入产业集聚发展阶段，主要问题是技术到市场仍存在障碍，企业创新能力仍然不足，产业集群尚未成熟。中国的生物技术产业尚处于第一个技术范式生命周期的第②至第③个阶段。产业化发展水平的差距在 15 年左右。表 7 – 2 对比了国内外生物技术产业的发展阶段及主要特征。

表 7 – 2　　国内外生物技术产业发展阶段比较

地区	发展阶段	主要特征
国外	产业调整发展（第⑤阶段）	产业规模稳步增长，产业集聚的经济效应显著，主要产品市场成熟，企业实现中等幅度净利润，前期投资开始回收，风险降低
国内	产业形成阶段（第②至第③阶段）	产业发展迅速，上市企业实现盈利，但技术到市场仍存在障碍，企业创新能力仍然不足，产业集群尚未成熟

二、国外生物技术产业发展现状

目前，生物技术产业在主要发达国家已经进入产业发展历程的第⑤个阶段——产业稳步发展阶段。产业具有一定的规模，自然垄断格局初步形成。各国政府均高度重视生物技术产业发展，制定一系列产业政策，促进本国生物技术产业的发展。

（一）整体产业规模

统计数据显示（见表 7 – 3），2016 年，全球主要生物技术发达地区（包括美国、欧洲、澳大利亚和加拿大）的生物技术上市公司销售收入达到 1394 亿美元，同比 2015 年增长 7%；实现净利润 79 亿美元，下降 52%。在市值方面，主要生物技术发达地区的生物技术上市企业总市值在 2015 年已经达到 10412 亿美元，但 2016 年下降至 8625 亿美元。由此可见，生物技术产业在全球范围内已经形成了一定的规模。在后金融危机时期，主要生物技术企业通过并购和重组，完成企业调整，销售收入开始回归稳定增长，净利润保持稳定。

表 7 – 3　　2015 ~ 2016 年全球主要生物技术地区上市公司的数据

指标	2016 年	2015 年	增长率（%）
重要财务数据			
销售收入（亿美元）	1394	1303	7
净利润（亿美元）	79	163	-52
总市值（亿美元）	8625	10412	-17
主要非财务数据			
上市公司总数（家）	708	680	4
员工总数（人）	203210	178690	14

资料来源：2017 年安永报告。

（二）产业结构

生物技术最先交叉和融合的领域是医学。其中，转基因技术和组织工程技术极大地推动了现代医学的发展，并孕育了生物医药产业。

表 7 – 4 总结了全球生物技术产业的产业结构状况。总体上，目前的生物技术产业是以生物医药和生物农业为主的结构，两者的产值占到全产业总产值的 75.7%。

表 7 – 4　　2010 年全球生物技术细分产业产值与所占比重

项目	生物医药	生物农业	生物能源	生物制造	生物环保	总产业
产值（亿美元）	1662	1055	387	355	131	3590
结构比重（%）	46.3	29.4	10.8	9.9	3.6	100

资料来源：赛迪顾问《中国生物产业报告（2010 – 2011）》。

在全球的生物技术产业结构中，生物医药产业是最重要的细分产业，其 2010 年的产值为 1662 亿美元，占全球生物技术产业总产值的 46.3%。生物医药市场依托已有的医药市场，已经非常成熟。运用生物技术开发的新药已经成为全球主要制药企业销售收入的重要构成。目前，全球市值前 20 位生物技术上市公司中，有 18 家是生物医药企业。

转基因技术的产生推动了生物农业产业的产生和发展。目前，在全球范围内，虽然备受争议，转基因作物的种植面积仍在不断扩大，来自转基因作物的销售极大促进了生物农业产业规模的扩大。生物农业产业 2010 年的产值为 1055 亿美元，占全球生物技术产业总产值的 29.4%，是生物技术领域的第二大产业。

生物技术产业结构中的第三大产业是生物能源。能源危机和环境污染，威胁到经济的可持续发展和人类社会的生存空间。目前以化石能源为主的全球能源结构，无论是在经济上还是环境上，都是不可持续的。因此，全球主要国家都已开始推行以开发应用低碳能源技术为核心的能源改革计划。然而，由于受到技术局限和粮食安全的困扰，生物能源产业发展遇到瓶颈，2010 年的产值为 387 亿美元，占全球生物技术产业总产值的 10.8%。

生物制造和生物环保是较为新兴的产业，2010 年的产值分别为 355 亿美元和 131 亿美元，占全球生物技术产业总产值的 9.9% 和 3.6%。

（三）主要生物技术产业发展发达地区

经过 40 多年的发展，全球已经形成了四个主要的产业发达地区，包括美国、欧洲、澳大利亚和加拿大。这四大地区聚集了全球主要的生物研发中心，同时也是风险投资最密集的地区。两大要素的集中，促进了生物技术企业在这些地区集中。表 7－5 总结了四个主要的产业发达地区 2014 年的产业数据。但是，近三年的数据显示，美国和欧洲已经成为全球生物技术中心。

表 7－5　　主要的生物产业地区 2014 年产业数据

地区	销售收入（亿美元）	总市值（亿美元）	净利润（亿美元）	上市公司数量（家）	雇员数量（人）
美国	931	8539	106	403	110090
欧洲	240	1621	33	196	58770
澳大利亚	58	422	11	52	13370
加拿大	2.6	52	-0.9	63	1380

资料来源：2015 年安永报告。

美国是现代生物技术最主要的发源地。目前，主要的生物技术都产生于美国的大学或者研究机构的实验室中。学术界中，顶尖的生物技术领域的学术论文，也大多来自美国教授和学者的研究成果。科研技术的领先极大地促进了其生物技术产业的发展。由表 7－5 可知，2014 年美国生物技术产业实现销售收入 931 亿美元。美国生物技术企业的基数很大，已有 2519 家企业分布在十大产业集群，其中有 403 家上市公司。目前，全球市值前 20 位生物技术上市公司中，17 家为美国企业[①]。

欧洲是生物技术产业的第二个主要发达地区。2014 年销售收入为 240 亿美元，上市公司数量为 196 家，仅次于美国，但超大型企业较少，产业集中度比美国低。仅有爱尔兰的生物制药公司夏尔（Shire）和丹麦的生物制造公司诺维信（Novozymes）是全球市值前 20 位生物技术上市公司[②]。

澳大利亚和加拿大是另外两个主要的生物技术发达地区，上市公司的总市值分别为 422 亿美元和 52 亿美元。澳大利亚的 CSL Limited 是全球市值第 5 位的生物技术上市公司[③]。

三、我国生物技术产业发展现状

在中国，生物技术的研究起步于 20 世纪 80 年代，高校和科研机构在国家基金的支持下，开展生物医药相关技术研究。迄今为止，中国的生物基础科研水平与发达国家的差距是较小的。然而，生物应用技术的开发和技术的产业化进程却相对滞后。目前，中国生物技术产业发展处于产业生命周期的第②至第③阶段，是发展的关键时期。主要特征是：产业初步形成，产业结构较为合理，但尚未形成成熟的产业集群，整体创新能力仍然较为欠缺。细分产业中，发展水平较高的是生物医药产业。

（一）产业规模

生物技术产业在中国真正形成和发展是在国民经济和社会发展第十一个五年规划期间（张平和张晔，2013）。2006 年，国家发展和改革委员会发布了《生物产业发展“十一五”规划》，明确了生物技术产业发展的方针和路线，推动了生物技术产业的有序发展。2009 年，国家进一步明确生物技术产业的战略地位，将其列为七大战略性新兴产业。产业地位的提升，增强了市场的信心；产业政策的实施，促进了产业的发展。近十年来，中国生物技术产业以 20% 的年均增长速度发展。

国家发展改革委高技术产业司于 2013 年发布的数据显示，2012 年，中国生物技术产业总产值达到 2.4 万亿元，增长 20%[④]，大幅度超过全球生物

①②③　2015 年安永报告。

④　国家发展改革委高技术产业司．生物技术产业发展特点及趋势展望［J］．宏观经济管理，2013（7）：26－27。

技术发达地区 8% 的增长速度①。

以生物医药产业为例，根据《中国高技术产业统计年鉴》数据，2011 ~ 2016 年，中国生物医药产业发展迅速，产业规模快速增长（见表 7 - 6）。2011 年，中国生物医药企业主营业务收入为 1525. 3 亿元，到 2016 年，收入已达到 3285. 5 亿元。六年间，中国生物医药产业收入的平均增长率约为 16. 6% 。生物医药产业的增长速度比高技术产业总体增长水平高，成为拉动高技术产业增长的中坚力量。

表 7 - 6　　中国生物医药产业发展数据（2011 ~ 2016 年）

项目	2011 年	2012 年	2013 年	2014 年	2015 年	2016 年
主营业务收入（亿元）	1525. 3	1978. 8	2403. 7	2801. 3	3160. 9	3285. 5
利润总额（亿元）	224. 4	273. 4	296. 1	333. 4	390. 4	419. 7
企业数量（家）	731	821	889	934	975	959
出口交货值（亿元）	181. 5	183. 9	194. 1	234. 5	273. 5	311. 2
专利申请数（件）	（无数据）	2004	2421	3302	2638	2970

资料来源：《中国高技术产业统计年鉴（2012 ~ 2017）》。

产业数据还显示，中国生物医药产业的利润率较高，反映了企业的盈利能力较强。2016 年，生物医药产业的利润总额超过 419 亿元，为中国创造了较大的经济效益。生物医药企业的数量，自 2013 年以来，稳定在 900 家左右。

其他细分产业虽然仍处于产业孵化到形成阶段，尚未形成规模化的经济效益，但其生产能力得到进一步提升。其中，生物农业产业方面，2012 年生物肥料产量达 900 万吨，5 年内增长了 200% ；生物能源产业方面，2012 年生物质能利用总量超过 3000 万吨标准煤，年均增长率为 15% ②。

---

① 值得注意的是，国家发展改革委高技术产业司对中国生物技术产业总产值的统计口径，与 2013 年安永报告发布的 2012 年全球主要生物技术地区数据的统计口径存在差异。因此，不便进行直接比较。差异体现在：第一，统计范围存在差异。体现在对生物技术产业范畴的解读，存在差异。另外，国家发展改革委高技术产业司关注的是全行业的数据，安永报告提供的数据侧重于上市公司。第二，统计方法存在区别。国家发展改革委高技术产业司统计的是“产值”，即生物技术企业生产的最终产品的总价值量。而安永报告统计的是“销售收入”，即企业实际销售形成收入的价值量。

② 《中国高技术产业统计年鉴（2012 - 2017）》。

（二）产业结构

在全球范围内，生物技术创新最先在医药产业得到广泛应用。因此，中国生物技术细分产业中，先发展起来的是生物医药产业。体现在产业结构中，生物医药产业的比重最大，其2010年产值占中国生物技术产业总产值的42.5%；其他细分产业产值比重分别为生物农业占27.2%，生物制造占22.3%，生物能源占6.7%和生物环保占1.4%（见表7－7）。

表7－7　**2010年中国生物技术产业结构状况**　单位：家

产业	生物医药	生物农业	生物制造	生物能源	生物环保
结构比重	42.5	27.2	22.3	6.7	1.4

资料来源：赛迪顾问《中国生物产业报告（2010－2011）》。

根据对比五个细分产业的比重数据（见图7－3），可以看出中国的生物技术产业结构与国外生物技术发达国家趋同。整体上，这种产业结构，符合生物技术的发展规律，是较为合理的结构。

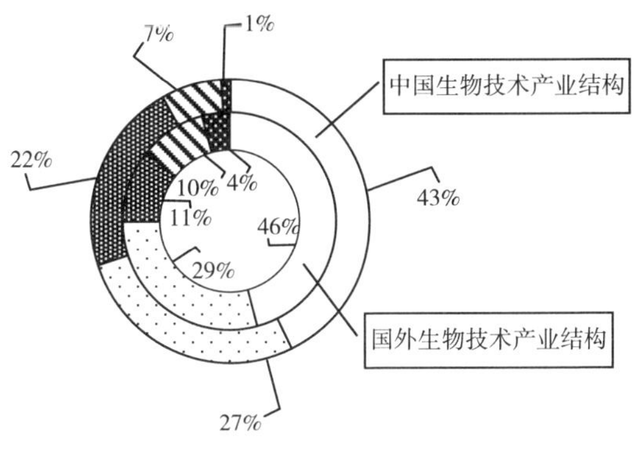

图7－3　中国生物技术产业结构与国外发达生物技术产业结构比较

资料来源：赛迪顾问《中国生物产业报告（2010－2011）》。

与国外生物技术发达国家相比，中国生物技术产业结构的突出特点如下。

第一，生物医药是生物技术产业结构中的主导产业。生物医药依托于整体医药产业，是传统医药产业的新的发展方向。中国医疗体制保障了市场对医疗保健产品的稳定需求。人口老龄化趋势和人民收入的增长促进了医药市场需求的持续快速增长。因此，中国生物医药产业是最重要的细分市场，其创造的经济价值接近全产业的1/2。

第二，在中国，生物能源产业是生物技术产业中重要的细分产业。其产业所占比重显著超过国外同类数据。中国是全球能源消耗大国，优化能源结构的中长期规划对经济社会可持续发展至关重要。

（三）产业布局

中国生物技术产业的发展，主要围绕着生物产业基地展开。现有的产业布局是以生物产业基地为中心的产业集群分布。政府规划是中国现有生物技术产业布局的首要决定因素。“十五”后期到“十二五”期间，国家发展和改革委员会先后分四批确立了23个国家级的生物产业基地，包括北京、上海、天津、西安、长沙、深圳、广州、杭州、武汉、泰州、青岛、石家庄、哈尔滨、通化、长春、德州、郑州、南昌、南宁、昆明、重庆、成都和兰州①。这些生物产业基地都分布在科研基础较好、高技术产业发展有一定特色的城市。其中，上海、北京、深圳和广州的生物产业已经初具规模，产生了一定的产业集聚效应。

特别地，在生物医药产业方面，中国已经初步形成了四大产业集群地区（见表7－8）。分别是：以北京为发展中心的东北部产业集群、以上海为发展中心的中东部产业集群，以及以深圳、广州为发展中心的南部产业集群。

表7－8　　　　中国四大生物医药产业集群地区

产业集群地区	包括的省市地区	集群中心城市
东北部产业集群	北京、天津、辽宁、河北、山东等地区	北京
中东部产业集群	上海、苏州、泰州、杭州、南京等地区	上海
中西部产业集群	重庆、成都、西安、武汉等地区	武汉、成都
南部产业集群	深圳、广州、香港特区等地区	深圳、广州

然而，目前中国生物基地存在一定的产业结构不合理、产业布局分散、低水平重复建设等问题，未能形成专业化分工的产业集聚效应（张平和张晔，2013）。这些问题的存在，主要是由于地方政府片面追求产业规模的扩

① 《中国生物产业报告（2010－2011）》。

大，未遵循生物技术产业发展的客观规律。另外，企业创新能力不足也是重要原因之一。

（四）产业集中度

目前，在中国生物技术四个细分产业中，都形成了具有一定规模的龙头企业。例如，生物医药领域的海普瑞、天坛生物、长春高新、科华生物和双鹭药业等上市企业2012年的销售收入均超过10亿元[①]。生物农业和生物能源领域也都有具有较大规模的上市企业。然而，目前中国生物技术产业整体的产业集中度仍然较低，龙头企业规模相对较小，有待进一步提高。

（五）融资规模

在国家政策的引导下，社会资本加速进入生物技术产业。2012年，中国在生物医药领域，创投和私募方面的投资案例分别有124例和64例，投资金额达到45亿元和75亿元[②]。生物医药的投资规模在23个一级行业中位居前列。目前已经产生了如千骥创投等专注于生物医药投资的创投公司。

四、生物技术产业的主要特征

产业的发展遵循一定的规律，而产业的发展规律是由产业特征所决定的。分析产业的主要特征有助于进一步理解产业发展规律，进而有助于研究产业发展的推动力。一方面，生物技术产业是典型的高科技产业，因而具有高科技产业的普遍特征。另一方面，由于生物技术的特殊性，又使得生物技术产业具备另一些特殊性。以下总结了生物技术产业的六个主要特征。

（一）技术与资本密集型产业

生物技术产业同时具有技术密集型和资本密集型产业的特征。

技术密集型产业，又称知识密集型产业。此类产业的主要生产过程需要依靠复杂而尖端的科学技术知识，智力资产是技术密集型产业最重要的资产。

---

① 数据取自各上市公司官网。

② 国家发展改革委高技术产业司．生物技术产业发展特点及趋势展望［J］．宏观经济管理，2013（7）：26－27。

技术的持续创新是技术密集型产业发展最重要的推动力。高科技产业都是技术密集型产业。此类产业的主要特征是：由技术创新驱动，产品附加值高，研发活动密集，劳动生产率高，依赖智力资源，资金需求量大，生产成本的主要组成是员工薪酬等。

判定一个技术密集型产业的重要指标是研发费用的比重。技术密集型的企业，往往产生巨大的研发费用。表 7－9 总结了 2012～2016 年全球主要生物技术企业研发投入占销售收入的比重。数据显示，生物技术企业近五年的平均研发投入比重基本稳定在销售收入的 30% 左右，是典型的技术密集型产业。

表 7－9　2012～2016 年全球主要生物技术企业研发投入占销售收入的比重

项目	2012 年	2013 年	2014 年	2015 年	2016 年	平均
销售收入（亿美元）	898	990	1231	1303	1394	850
研发费用（亿美元）	253	294	354	406	457	252
研发费用占销售收入的比重（%）	28. 2	29. 7	28. 8	31. 1	32. 8	30. 1

资料来源：数据总结自 2013～2017 年的安永生物技术产业报告。

资本密集型产业，是指资本成本在企业的总成本费用中所占比例较高的产业。此类产品的主要特征是：形成和发展需要大量资本投入，固定资产比重较大，通常技术设备较多，生产劳动力较少，资金周转较慢，资产周转率较低，投资周期长。

生物技术产业是典型的资本密集型产业，它具备上述的主要产业特征。表 7－10 总结了 2007～2016 年北美及欧洲生物技术企业的总融资规模。数据显示，10 年间生物技术企业的融资规模基本保持在 200 亿美元以上，是典型的资本密集型产业。其中，2015 年的融资总量为 711. 37 亿美元，2016 年的融资为 519. 29 亿美元。

表 7－10　北美及欧洲生物技术企业历年来融资规模　单位：亿美元

项目	2007 年	2008 年	2009 年	2010 年	2011 年	2012 年	2013 年	2014 年	2015 年	2016 年
融资规模	159. 67	214. 88	203. 91	255. 55	352. 87	289. 21	318. 44	554. 86	711. 37	519. 29

资料来源：2017 年安永报告。

（二）产业集聚发展

生物技术产业最重要的特征之一是产业集聚发展。目前，产业集群是主要生物技术发达地区产业组织的主要形式。事实证明，产业集群有效地促进了资源和要素在空间上的集中，推动了知识技术和人才的流动，降低了企业风险，吸引了大量的风险投资资金，从而加速了生物技术产业化的进程，极大地推动了生物技术产业在集群地区的发展。

目前，全球已经形成了四个主要的生物技术发达地区，即美国、欧洲、加拿大和澳大利亚。其中，美国的产业集聚现象特别显著，围绕着主要大学和科研机构，形成了十大生物技术产业集群，包括旧金山湾区、新英格兰、圣地亚哥、纽约州、新泽西州、北卡三角研究地带、中大西洋地区、洛杉矶/橙县、太平洋西北地区和费城/特拉华谷等。欧洲的生物技术产业发达国家主要有英国、丹麦、法国、瑞士和瑞典。

（三）产业集中度不断加深

生物技术产业集群的高速发展也促进了产业集中度的提高。随着资源和要素在空间上的高度集中，企业的规模效应越来越凸显。另外，企业规模的扩大，极大地增强了企业承担风险和控制风险的能力，提高了企业的生存和发展能力。近 10 年来，生物技术产业的并购活动非常活跃，已经形成了许多生物技术巨头。以美国为例，2016 年销售收入超过 5 亿美元的美国生物技术上市公司，创造了超过 70% 的美国生物技术产业总销售收入[①]。

（四）市场进入壁垒较高

市场进入壁垒是影响产业组织中市场结构的重要因素。进入壁垒指的是一个产业的初创型企业，或者是准备进入产业的潜在企业在进入市场时遇到阻碍的大小程度。通常来说，市场进入壁垒较高的产业，已有的企业在其特定的产品领域，具有一定程度的垄断优势，产品差异性较大，因此，其产业集中度较高。

生物技术产业的市场进入壁垒很高，体现在生物技术企业组建的“门槛”很高。在特定的产品领域，市场竞争程度很弱。生物技术产业形成进入

---

① 2017 年安永报告。

壁垒有四个主要因素。

(1) 规模经济壁垒。生物技术产品在研发过程中将产生数额非常大的研发费用和财务费用，这些费用将在产品的销售过程中进行摊销。规模较大的企业已经形成了规模经济，因此，其产品的平均成本较低，企业承受风险的能力较大。

(2) 必要资本量壁垒。新兴企业进入生物技术领域，必须依靠创新技术。而创新技术的研发，需要大规模的资本投入。显然，必要资本量越大，企业融资的难度越大，因此，新兴企业发展的阻碍越大。

(3) 资源占有壁垒。生物技术产业的资源占有壁垒的主要原因是有限的智力资源。在科学界，生物技术是一门新兴的“年轻”学科，其产生不过60余年的时间，真正开始密集发展也不过40余年的时间。因此，全球范围内的生物技术顶尖人才、生物技术普通技术人才，以及生物技术企业管理人才都非常短缺。已有企业利用其先发优势，已经占有了大量的生物技术智力资源。新兴企业必须为人才创造更优的薪酬、环境和发展空间，才可能吸引高水平人才。

(4) 政策法规制度壁垒。目前，各国政府对生物技术产品，特别是生物医药产品的监管和审批都非常严格。以生物医药为例，企业必须建设GMP认证车间，通过三期（或者四期）临床试验，才可申报批文。因此，规模较大的企业，拥有较多的资金或者较强的融资能力，能够持续稳定保障在十年以上的申报周期中的资金投入。

（五）对资源依赖性较高

生物技术产品的生产，是消耗、利用和转化生物资源的过程。因此，生物技术产业对资源的依赖性较高。例如，生物能源产业化将伴随着大规模种植和提取原料，尤其是以开发木质纤维素为主要方向的第二代生物能源，其生产需要消耗大量的森林资源。因此，生物技术产业应该在生物资源丰富的地区发展。另外，在制定生物能源产业政策时，应考虑其发展给环境带来的综合影响。

（六）正外部性和综合效益

生物技术的突出特征是，技术创新的应用领域非常广泛。生物技术与其他学科知识广泛交叉，形成了大量的交叉学科和边缘学科，并带动相关产业的发展。例如，生物医药产业是生物技术运用于传统医药产业，生物农业产业是生物技术对传统农业的突破性改造。生物技术的特殊发展路径决定了生物技术产业具有非常显著的正外部性。

正因为生物技术产业有显著正外部性，其产业发展对国民经济整体发展有较大的影响，有较强的综合效益。这也是世界各国纷纷将生物技术产业列为本国战略性发展产业的原因之一。

第三节　生物技术企业的技术创新现状

生物技术产业的形成源于生物技术的突破性创新。技术创新是生物技术企业的生命，也是生物技术产业发展最基本的推动力。可以说，生物技术产业是大量技术产业化的网络集成。此外，技术创新是生物技术产业可持续发展的首要问题，也是推动产业生命周期演进的动力。中国要发展生物技术产业，实现技术经济范式的转变，必须推动生物技术创新。

一、技术创新层次

根据技术创新对技术、市场、产业、经济和社会影响的程度不同，可以将技术创新划分为不同的层次。苏塞克斯大学的科学政策研究所（SPRU）提出技术创新重要性的划分标准，将生物技术创新分为四个递进的层次：渐进式创新（incremental innovation）、根本性创新（radical innovation）、技术体系创新（change of technology system）与技术范式更迭（change in techno-economic paradigm）（见表7-11）。这四个层次的技术创新是逐级累积的。增量创新的累积最终引致根本性的变革，最终改变产业的经济—技术范式，引导产业进入新的生命周期。

表7-11　生物技术创新层次

层次	产生周期	主要特征	影响范围
渐进式创新	持续进行	对现有技术的改造，不确定性低，重点是产品性能或者生产过程的创新	增强产品竞争力

续表

层次	产生周期	主要特征	影响范围
根本性创新	需要较长的积累期	产生重大技术突破，不确定性高，产生新的产品	改变原有市场和产业，或者产生新的产品市场
技术体系创新	在一个生命周期出现若干次	意义深远的变革，产生多个相关联的技术创新群	改变多个细分产业和市场
技术范式更迭	一个完整的产业生命周期	改变整个产业的技术范式，改变产业的经济增长方式，引导产业进入下一个生命周期阶段	改变整体产业，影响范围最大，持续时间最长

二、生物技术创新的特征

通常而言，生物技术创新有以下突出特征。

（一）技术创新的不确定性较高

技术创新是对未知规律的探索，是对未知应用领域的尝试，通常还面对不成熟的市场，是一种开创性的活动。因此，不确定性高，或者说面对较大的风险，是技术创新的重要特征之一。

（二）技术创新成本很高

技术创新的成本包括研发投入产生的沉没成本和资金使用产生的机会成本。生物技术的研发需要非常高的前期投入，并且产品开发周期非常长，将产生巨大的沉没成本。另外，较多的资金在较长的时间内套牢，产生非常大的机会成本。

（三）技术创新具有非常强的溢出效应

生物技术创新将催生许多交叉学科和新兴产业，产生显著的技术溢出效应。各个生物技术细分产业的形成，几乎都源于生物技术在传统产业的创新应用，如生物农业产业是生物技术在农业中的应用。

（四）现代技术创新的突出特征是产业集群创新

罗瑟韦尔（Rothwell，1992）总结了技术创新的五个模式：技术驱动，市场拉动，技术与市场互动，整合模式、系统集成和网络化模式。现代生物技术创新也遵循了这个变化规律，经历了从“线性创新”到“网络式创新”的主导模式的转变。目前，发达国家生物技术创新的突出特征是以集群为单位的网络协同创新。体现在技术创新是多角色共同参与的系统工程、创新的主体多元化、协同合作的方式多样化。国外主要生物技术集群创新的核心是企业联盟、高校和科研机构，这些主体交互作用，共同创新。

三、生物技术企业的主要特征

（一）产权结构多样化

与国外主要生物技术产业发达国家不同的是，中国的生物技术产业从形成之初至今主要由国家产业政策引导和培育，政府是直接的参与者。例如，政府通过国有资金直接注入的方式，建立了很多国有成分控股的大型上市企业。与此同时，以“专家学者型企业家＋风险投资公司”的形式，也渐渐形成和发展出一批民营企业。因此，中国的生物技术企业中出现了的产权结构多样化的现象。主要体现在上市生物技术公司的产权结构中，国有成分普遍较高；民营中小微生物技术公司的产权结构中，创始人股东和风险投资机构所占比例较高。

从产权结构的角度看，目前中国的生物技术企业的形成主要有以下几种方式。

（1）传统国有大型企业涉足生物技术领域。例如，华润双鹤，前身为“双鹤药业”，主营产品为“奥复星”系列产品、“利复星”系列产品、“增效联磺片”等化学药品。2004 年，“双鹤药业”进入生物医药领域，与中国华源生命产业有限公司战略重组，总部迁至中关村科技园区，2008 年被评为高新技术企业。目前，华润双鹤的产权结构中，国有成分的比例为 49.12%[①]（由北京医药集团有限责任公司持有）。

（2）依托国有生物研究所，国有资本注入，建立的国有生物医药企业，如天坛生物。天坛生物公司由中国生物制品的重要研究机构——北京生物制品研究所于 1998 年独家发起设立。公司成立的目的是从事疫苗、血液制剂、

① 数据来自华润双鹤官网。

诊断用品等生物制品的研究、生产和经营。目前，天坛生物的产权结构中，国有成分的比例为53.3%[①]（由中国生物技术股份有限公司持有）。

（3）民营资本组建的生物技术上市公司，如科华生物。科华生物是生物医药产业为数不多的民营上市公司之一，是由徐显德、唐伟国和沙立武三位创始人于上海共同创办的。目前科华生物的产权结构中，三位创始人持有的股份总和为22.49%，国有成分极低。这样的企业目前为数甚少，主要在创业板上市，规模不大。

（4）数量最多的，处于孵化或者发展阶段的，由生物技术领域专家和风险投资独立建立的企业。这类企业的成立大多源于创始人掌握的市场领先技术，广泛分布在全国各个生物技术产业园区，绝大多数尚未达到上市条件。

（二）股权结构多样化

在上述分类方式的基础上，从股权结构的角度分析。前两种方式形成的生物技术企业，由于是由国家力量主导成立的，在企业的发展过程中，尤其是上市之前，很少进行外部融资，主要依靠国家资金的直接或者间接注入。因此，前两种方式形成的企业的股权结构集中度较高。

第三种类型的企业，其发展的过程是不断融资、再融资的过程，以满足密集的研发需要。因此，创始人持有的股份在多次的融资过程中，不断地被稀释。一般上市后，创始人还能持有的股份在20%左右。

第四种类型的企业，还处于初创到发展阶段，尚不具备上市的资格。根据不同企业的不同发展阶段，经历的融资次数不同，创始人持有股份被稀释的程度差异较大。因此，此类企业的股权结构较为多样。

表7－12总结了四种中国主要的生物技术企业形成方式，以及每种方式的企业规模、数量、产权结构和股权结构特征。

表7－12　　中国生物技术企业的产权结构和股权结构特征

企业形成方式	规模	数量	产权结构特征	股权结构特征
传统国有大型企业转型	一般为上市公司，规模较大	较少	国有成分高	集中度高
国有资本注入创立	一般为上市公司，规模较大	较少	国有成分高	集中度高

① 数据来自天坛生物官网。

续表

企业形成方式	规模	数量	产权结构特征	股权结构特征
民营资本组建的上市公司	规模较小且不稳定	非常少	基本没有国有成分	股权较为分散
初创型“专家+风险投资”企业	小微企业为主	最多	基本没有国有成分	根据发展阶段，股权结构多样

（三）资本结构中权益比例较高

资本结构，实际上就是企业的融资结构。资本结构体现了企业的各种资本中负债性资本与权益性资本的构成及比例。企业的外源融资主要有两个来源：债权资本和股权资本。债权资本成本较低，但会带来较高的财务风险。与此相反，股权资本的财务风险低，但是其融资成本是最高的。最佳的资本结构，应该是在适度的财务风险的前提条件下，适度利用财务杠杆，使预期综合资本成本达到最低，达到降低融资成本的目的。

同样以中国主要的20家生物技术公司为例，计算这些企业2012年的权益乘数。计算方法为：权益乘数=1/(1-资产负债率)。图7-4显示了这20家生物技术企业的权益乘数。

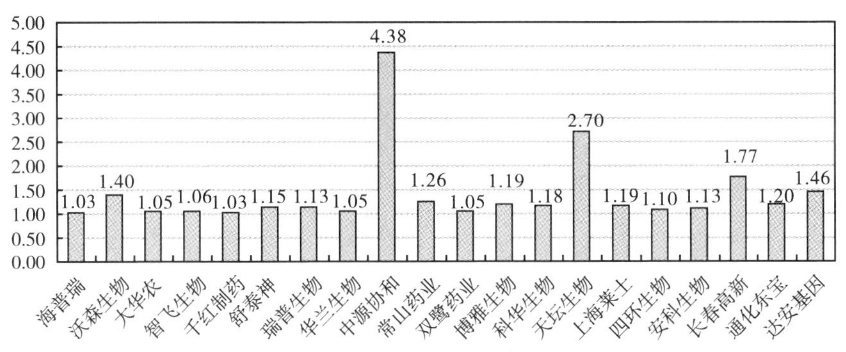

图7-4 2012年主要生物技术公司的权益乘数

资料来源：各上市公司官网。

数据显示，15家生物技术公司的权益乘数落在1.0~1.2的区间内，这说明了资本结构中权益比例较高，反映了生物技术公司资本的主要来源是股东，股权融资是主要的外部融资手段。这个现象主要原因以下有两个。

其一，债权人角度。生物技术企业的重要特征是“高风险”和“高收益”。当债权人将资金投入企业时，有两种可能的结果：一是项目取得成功，获得超额利润。此时，债权人仅取得合同约定的利息收入，超额的利润部分由股东享有。二是项目失败时，股东仅承担有限责任，债权人很可能蒙受较大的损失。因此，债权人投资生物技术企业的动力不足。

其二，企业角度。由于生物技术企业面对较高的产品风险和环境风险，为控制总体风险，很多生物技术企业在融资时，会倾向于选择财务风险较低的股权融资方式。

（四）偿债能力较强

企业的偿债能力应从短期和长期两个方面评价。短期偿债能力反映的是企业支付利息、偿还短期负债以及到期的长期负债的能力。流动比率是短期偿债能力的重要指标。长期偿债能力反映的是企业偿还长期负债的能力。资产负债率是长期偿债能力的重要指标。长期偿债能力指标同短期负债能力指标一起，共同体现了企业偿还债务的能力，也从另一个层面反映了企业的举债能力和生存能力。

图 7－5 和图 7－6 显示了中国主要的 20 家生物技术企业的流动比率以及资产负债率。数据表明了中国主要生物技术企业的偿债能力较强，大部分企业的资金状况非常宽松。这也促进了企业间的并购行为。

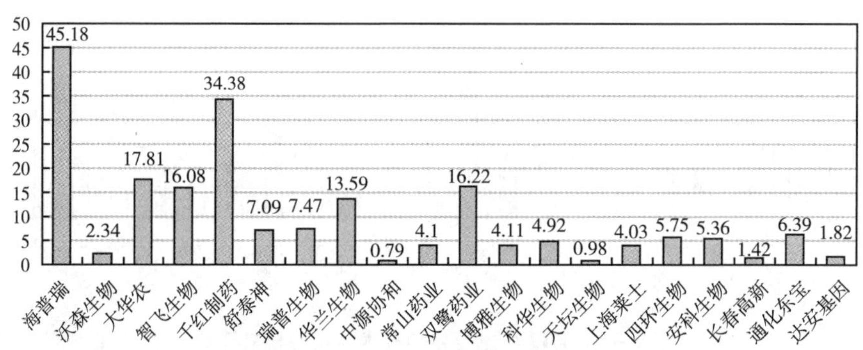

图 7－5　2012 年 20 家中国生物技术主要上市公司的流动比率

资料来源：各上市公司官网。

（五）风险控制管理至关重要

高技术产业面对较大的企业风险，具有“高风险”与“高收益”并存的

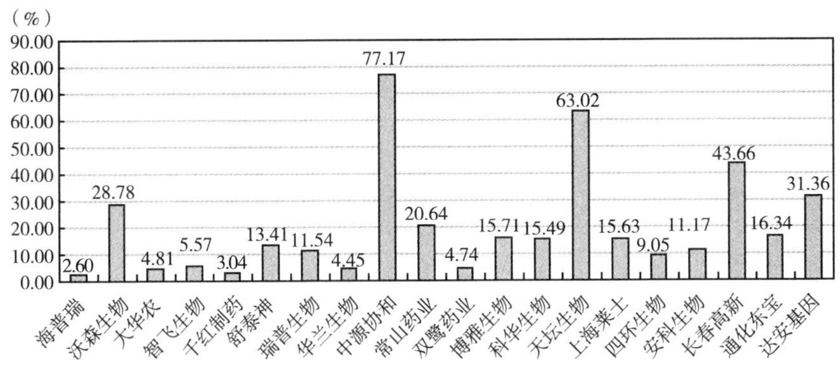

图 7－6　2012 年 20 家中国生物技术主要上市公司的资产负债率

资料来源：各上市公司官网。

特征。类似的，生物技术企业面对高科技产业共有的风险。

高技术产品的共同特征是创新性，因此，大多数企业面对很高的技术风险和产品风险。例如，投入研发的技术是否能够最终实现，开发出来的技术应用前景如何，开发的产品效果如何，是否能够通过临床试验，是否能够最终获取批文，是否能够实现销售等。

任何一个生物技术产品的前期研发投入规模都是巨大的。以研究开发新药为例，在美国，开发一个最终投放市场的新药，其平均研发费用已经从 20 世纪 70 年代的 1.4 亿美元，激增到 2000 年的 12 亿美元。图 7－7 显示了 30 年间新药平均开发费用的增长，其中失败的项目成本被摊销至成功的项目中，反映企业总体研发费用支出。

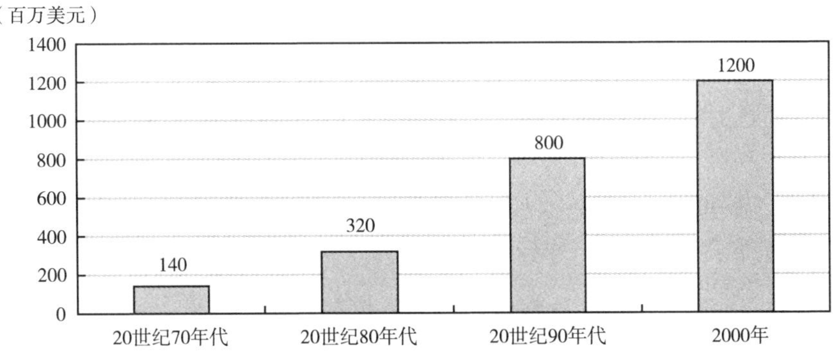

图 7－7　美国新药平均开发费用的增长

资料来源：PhRMA 报告 2013 *Profile-Biopharmaceutical Research Industry*。

除上述两点之外，生物技术企业还面对一些特殊风险。

以生物医药企业为例，由于世界各国对医药产品的审批都非常严格，研发周期都非常长。一般一个生物医药产品的研发周期需要10年以上的时间，研发的时间大部分用于临床试验阶段。相比之下，其他大多数高新技术产业，如信息产业产品几乎不需要通过中试，研发周期短，如软件开发仅需3个月左右。

以美国新药的研制为例，在5000~10000个新药研发阶段的技术中，250个可进入实验室测试，仅5个技术可进入临床测试，经过三个阶段的临床测试，最终才能产生1个通过FDA认证的药品。

此外，还有其他特殊风险，如技术风险、市场风险、政策风险和伦理风险。

与其他高技术相比，生物技术创新的不确定性更高，生物技术企业面对更高的技术风险。对于生物体，包括人体的科学探索，具有特殊性。生物体是极其复杂的系统，其反应周期可能很短，也有可能需要非常长的时间。例如，目前全球对转基因食品仍存在非常大的争议，主要原因是目前临床上还无法明确人类食用转基因食品可能在未来出现的问题。

另外，很多生物技术产品，如生物医药产品，关系到人类健康的敏感问题。因此，各国都对此类产品执行严格的审批制度，这也加大了生物技术企业面对的风险。另外，伦理风险也限制某些生物技术的发展，如干细胞克隆技术。

（六）对基础研究和应用研究有很高的要求

一个生物产品的产生，是几十项甚至几百项科研成果和专利融合的过程。因此，创新生物技术产品对企业的基础研究和应用研发水平都有很高的要求。

四、中国生物技术企业技术创新现状

现阶段而言，中国生物技术产业的整体创新能力不足，与国外主要发达国家存在较大程度的差距。这种差距体现在基础科研、应用技术和企业创新等方面。分析中国生物技术产业技术创新的现状，有助于加深对产业发展阶段的理解和对产业可持续发展能力的判断，进而研究造成这种差距的主要制约因素。

（一）基础科研创新现状与国际比较

生物技术从研究属性上可分为基础研究和应用研究。基础研究是对以生命科学为主的自然科学领域的研究活动，是认识生命规律，获取、利用和改造生物特性的新知识、新理论和新方法，目的是探索生命产生和变化的规律。应用研究是指将基础研究向产品转化的转化科学，是针对某一特定的实际问题而进行的研究。以生物医药产业为例，基础科研包括：疾病发病机理及其防治，重要传染病诊断治疗和预警新技术、重要疫苗创制、创新发展中医等；应用研究包括“组学”技术、基因治疗与细胞治疗技术、分子分型与个体化诊疗技术等。

相对于应用技术而言，基础科研具有更高的不确定性。首先，在研究初期，无法预知研究的技术可行性，也无法进行准确的经费预算，项目风险很大。其次，基础科研的成果无法直接促成产品创新，很多成果的应用价值尚且无法估计。因此，基础科研不是以经济效益为目标的。以盈利为目的的企业，不可能成为基础科研的主体。逐利的社会资本，也没有动力投资于基础科研项目。

由于基础科研的这些特征，在全球范围内，基础科研的主要参与者是高校和科研机构，研究资金主要来自各级政府基金。例如，美国的国家科学基金（National Science Foundation）和欧洲科学基金（European Science Foundation）等。

在中国，生物技术基础科研的发展起步于20世纪80年代，生物医药相关技术在中国产生萌芽。“十五”时期以来，中国逐步认识到生命科学研究的战略意义，通过国家自然科学基金，大幅度增加了对生命科学领域基金的支持力度。

中国的自然科学基金，主要由研究项目、人才项目和环境条件项目三个系列构成，包括面上项目、重点项目、重大项目、重大研究计划、青年科学基金、国家基础科学人才培养基金等项目。其中，面上项目、重点项目和青年科学基金是资助力度最大的三个类别。表7-13总结了三个主要自然科学基金类别近五年内对生命科学领域研究资助的情况。

表7-13　2009~2013年国家自然科学基金对生命科学领域的主要经费与资助情况

年份	面上项目（万元）	占该类别资助经费比例（%）	重点项目（万元）	占该类别资助经费比例（%）	青年科学基金（万元）	占该类别资助经费比例（%）
2009	118128	35.74	20000	27.63	34395	33.58
2010	172577	38.14	28750	29.29	55870	33.94
2011	345790	38.47	44400	31.16	107670	34.54
2012	481270	38.57	47680	30.43	116260	34.45
2013	461540	38.46	50830	38.46	127670	34.51
历年平均(%)	37.88		31.40		34.20	

注：由于生命科学部资助规模巨大，从资助经费和项目数量上，都超过全学部的1/3。因此，2009年，国家自然科学基金委将医学科学从生命科学部独立出来；2010~2013年数据，均是生命科学部和医学科学部的加总。

资料来源：《国家自然科学基金委员会年度报告》（2003~2013）。

从统计数据中可以看出，近年来，中国对生命科学领域研究的经费资助一直保持在自然科学总资助金额的1/3以上。特别是“十一五”时期以来，中国在加大对自然科学研究整体资助规模的基础上，进一步提高了生命科学领域研究的支持力度。2013年，面上项目对生命科学领域投入超过46亿元，超过该类经费的38%；面上项目的投入超过5亿元，超过该类经费的38%；青年科学基金的投入超过12亿元，超过该类经费的34%。

对生命科学基础研究的大规模资金投入，显著提升了中国生物技术的基础研究水平。根据经济合作与发展组织（OECD）和汤姆森科技（Thomson Scientific）的数据统计，2006年中国高校和科研机构人员在国际期刊上发布的生物技术相关的学术论文数量达1481篇，居全球第13位。根据近8年来中国对生命科学领域研究的基金投入规模可以推测，目前中国在生物技术基础科研能力上与发达国家的差距较小，应该在5年以内。

（二）企业技术创新现状与国际比较

在全球范围内，政府基金支持的研究项目，主要停留在基础科研阶段。当生物技术进入应用开发阶段后，企业成为技术创新的主导力量。特别的，在产品开发和临床测试阶段，企业成为创新的绝对主体。

企业连接了技术与市场。实际上，生物技术企业活动的本质包含两个不同的路线：一是将生物技术转化为产品，以满足市场需求；二是基于市场潜在需求，开发具有技术可行性的产品。两种路线的最终目的都是实现企业的经济效益。

中国生物技术产业整体技术创新能力与国外生物技术发达国家的差距主要体现在企业的技术创新能力上。以生物医药产业为例，中国生物技术企业已经或者正在研制和生产的产品中，仿制品占的比重非常高，拥有自主知识产权的全球领先生物医药产品非常少。技术创新能力不足，导致中国生物技术企业在国际竞争中整体处于劣势地位。

中国生物技术企业研发投入严重不足是导致企业创新能力低下的直接原因。2012 年，中国生物技术企业的研发费用总计为 51.2 亿元，占销售收入的比重仅为 2.6%。同一时间，国外生物技术发达地区研发投入占销售收入的平均比重为 28.2%，是中国企业投入水平的 10 倍以上（见表 7－14）。

表 7－14　国内外生物技术企业研发投入程度比较（基于 2012 年数据）

指标	销售收入（亿美元）	研发支出（亿美元）	研发支出/销售收入（%）
美国	637	193	30.3
澳大利亚	50.55	6.36	12.6
英国	54.7	12.84	23.5
法国	34.7	5.83	16.8
瑞典	24.84	6.45	26.0
丹麦	22.81	5.79	25.4
瑞士	19.19	6.21	32.4
加拿大	6.19	4.05	65.4
德国	2.65	1.81	68.3
国外发达地区平均水平	898	253	28.2
中国（亿元）	1978.8	51.2	2.6

资料来源：国外数据总结 2013 年自安永报告；国内数据总结自《中国高技术产业统计年鉴(2013)》。

（三）创新能力不足导致的产业发展问题

中国生物技术企业创新能力不足严重限制了企业的发展，同时也诱发了现阶段生物技术产业发展的瓶颈问题。

第一，大量的生物技术停留在实验室阶段，无法产业化。技术无法实现经济效益和社会效益。一方面，国家投入基础科研的资金，无法通过产业链和价值链创造经济效益，形成良性的资金循环。另一方面，生命科研的成果，无法造福人类，促进社会进步。

第二，作为“产学研”结合创新机制的中坚力量，企业无法有效地将技术转化为产品，满足市场需求。关键环节的缺失，使得该创新机制无法实现预期效果，导致一方面生命科学领域研究成果喜人，另一方面市场需求无法得到满足的现状。

第三，无法促进产业可持续发展。技术创新是生物技术产业的生产力。技术创新能力不足的负面效应，可能在短时间内还未在产业规模和发展速度上显现，但在未来十年内必然会显现。

五、企业研发投入与产权结构的关系

产权结构指的是不同性质的产权主体在企业权益资本中所占的结构。按照不同产权结构，将中国生物技术企业划分为国有企业、内资私营企业、港澳台投资企业，以及外商投资企业。通过剖析中国不同产权结构的生物技术企业 R&D 的支出状况，以发现生物技术企业研发投入与产权结构的关系。

（一）国有企业研发投入高，内资私营企业投入低

2012 年，国有生物技术企业研发支出占销售收入的比重为 9.2%（见表 7－15），虽然与国外发达国家仍然存在巨大差距，但在中国生物技术产业中相对领先。占市场主体的大量中小型内资企业，研发费用微乎其微，仅占销售收入的 2.1%。

表 7－15　基于不同产权结构的中国生物技术企业 R&D 研发支出规模比较分析

产权结构	R&D 总支出（万元）	R&D 经费内部支出（万元）	R&D 经费外部支出（万元）	外部支出/总支出（%）	销售收入（万元）	研发支出/销售收入（%）
国有企业	33464	33097	367	1.1	36.5	9.2
内资私营企业	312286	295271	17015	5.4	1522.0	2.1
港澳台投资企业	102784	96978	5806	5.6	154.0	6.7
外商投资企业	63362	58727	4635	7.3	302.9	2.1

资料来源：数据总结自《中国高技术产业统计年鉴（2013）》。

造成上述现象的主要原因有三个。

第一，企业规模促进技术创新。规模较大的国有企业，其承担风险能力

较强，融资能力较强，企业占有较多的智力资源，因而创新能力较强。反之，私营内资企业通常规模较小，技术创新的能力相对较弱，由于中国投融资机制不完善，尚未形成多层次的有效的融资体系。因此，在一定范围内，产业集中度与技术创新呈正相关关系。

第二，国有企业战略体现了国家的产业战略导向。政府通过政府治理和绩效评价体系，要求国有企业进行研发活动。

第三，生物技术外资企业多为跨国集团企业的子公司。技术创新是生物技术企业的核心竞争力。绝大多数外资企业将研发部门设置在本国，仅在中国进行生产和销售活动。因此，外商投资的生物技术企业研发支出非常低。

（二）企业间的技术合作程度非常低

企业间的技术合作活跃程度可以从 R&D 外部经费支出数据反映出来。中国生物技术企业研发经费外部支出所占比重非常低，说明企业委托外单位或者与其他企业合作进行研发活动的现象极为少见。这说明中国生物技术产业组织结构单一，产业集群发展尚处于初级阶段，未形成产业集群溢出效应。

第四节　促进生物技术企业创新的建议

创新是生物技术企业发展的重要推动力。基于对我国生物技术企业创新现状、制约因素的分析，本节提出促进生物技术企业创新的若干建议，包括企业组织制度、企业管理制度、风险控制管理、技术选择管理、企业技术联盟等多个方面的内容。

一、企业组织制度

（一）产权流动性

促进国有生物技术企业产权的流动性。通过国有企业改制，降低国有资本在企业中的股权，改进管理层激励机制，促进市场化行为。

（二）员工持股激励

发展员工持股计划，以激励员工创新。完善股票期权制度，向对企业核心竞争力的提高具有重要影响的员工发放股票期权，使其在未来的一定期限内，可以以预先设定的价格（通常远远低于股票的实际发行价格）购买一定数量的股票的权利。股票期权的发放，可以使员工从企业发展中获利。

（三）企业组织制度创新

创新企业组织制度，促进生物技术企业组织向扁平化和网络化发展。生物技术企业可以通过减少管理层次，增强不同管理层之间的有效沟通，减少创新思路在组织间的传递时间，以提高决策效率，增强组织的灵活性和创造力，促进技术创新。另外，生物技术企业应增强多向的知识交流和知识共享，通过网络化的组织结构产生资源协同效应，以降低风险，促进创新。

二、企业管理制度

（一）战略管理

引导企业目标向股东财富最大化发展，促进企业的创新战略。鼓励企业选择重视技术创新的企业战略，并在项目决策时选择创新项目，改变以“仿制品”类项目为主的企业研发现状。生物技术企业应综合分析企业面对的市场环境、金融环境、法律环境，结合企业自身的技术特点、产品特征、资金状况和人力资本结构等方面，制定具有前瞻性的企业发展战略。

（二）风险管理

鼓励企业重视事先控制，通过有效全面预算、资金预算和项目预算，增强企业对现金流量的管理。建立和完善财务风险预警系统，对企业的财务风险状况进行实时监控。在项目管理方面，改进技术选择管理，综合运用层次分析法等多种分析方法，对项目进行合理评估，以降低项目风险。另外，促进企业合理利用财务杠杆，降低资本成本，达到最佳的资本结构。

由于生物技术的高度不确定性，生物技术企业还应加强事中风险控制和事后风险控制的能力。在事中风险控制方面，如果发现了风险成因，企业应立即采取措施，快速反应，对创业决策行为进行调整和修正。若风险成因已经进一步发展，造成了企业的损失，那么就应通过事后风险控制，对已出现的错误或过失进行弥补，将风险损失降到最小的程度。另外，企业还应对实际结果进行评估，并总结经验教训，及时调整经营策略，以指导后续的创业企业实践活动。

在风险管理的方法方面，生物技术企业还应积极申请政府风险共担，或者通过与其他企业构建技术联盟，以降低企业的研发风险，提高研发效率。

（三）技术管理

建立技术管理体系，对生物技术企业的内部研发行为（包括技术开发、产品开发和申报批文）和外部研发行为（包括技术合作和技术外包）进行周密管理。技术管理应遵循科学技术工作的客观规律，有效利用企业的智力资源，并形成合理的考核体系。

生物技术管理体系的重点有三点。第一，控制企业研发的方向，提高研发的效率。有目的性地制定企业研发的技术领域和目标产品，有助于企业将有限的资金和智力资源用在预期可实现盈利的技术上，降低企业风险，提高企业的竞争力。第二，通过激励机制，鼓励研发人员的创新行为，提高企业的研发能力。研发人员考核制度的制定，应遵循科学技术工作的客观规律，不可“以成败论英雄”，应重视过程考核。第三，将研发技术与产品和市场综合考虑，形成决策。技术的研发，应以满足潜在市场需求为目的。企业应结合市场需求，确定目标产品，进而进行研发活动。

（四）生产管理

完善产品质量体系和生产标准化管理体系，促进生产管理信息系统的建设和应用。在生物技术企业内部，建立有效的质量监管体系，制定符合标准的操作规则，规范生产人员行为，保障生物安全。

完善的生物技术生产管理制度，应该包括加强对受规管活动的管理、保持严格的监管链、保存各项记录、严格管理转基因工程材料、制定和实施定期审计制度、订立适应生物技术的生产人员培训方案，并制定应急和纠正行动计划，包括在有条件的大型生物技术企业建立完善的质量追溯系统。

三、风险控制管理

生物技术企业除了面对高技术产业共有的风险外，还面对一些特殊风险。因此，如何有效应对风险、控制风险，对生物技术企业的生存和发展尤为关键。

生物技术企业的管理者应该采取各种措施，在事前、事中以及事后三个阶段，对通过投资项目评估的生物技术可能带来的各方面风险进行控制和最大程度地减少。针对不同企业的现状以及潜在的生物技术选择的特征，这种风险控制主要可以通过三种措施来实现。

（一）风险回避

风险回避是指企业有意识回避风险行为，避免可能的损失。这种措施在生物技术企业风险管理中应灵活运用。生物技术企业的风险回避应体现在事前控制上，也就是说在项目投产之前，对项目可能的风险和收益，进行全面的论证，并对各方面的可行性（尤其是技术可行性、市场成熟度、资金保障程度）进行客观调研。技术选择管理是事前控制的重要方法之一。

（二）风险预警

风险预警是指企业建立预警系统，运用定量分析的方法，通过综合分析企业运营过程中生成的数据（主要是财务数据），实时监控企业偿债能力、盈利能力和营运能力的变化，进而实现对未来风险的预判。

（三）风险转移

风险转移是指通过订立契约的方式，与其他参与者共同承担风险。或者说是，通过签订合同，将生物技术产品带来的部分风险转移给受让人。通过风险转移，可以在合同范围内有效降低生物技术企业所承担的风险。对于生物技术企业，这种风险转移主要有两种方式：政府风险共担机制和技术联盟。本书在第五章已经对这两种方式进行详细论述。

（四）财务预警系统

建立财务预警系统，是目前主要大型企业广泛运用的方法。财务预警系统通常是企业信息化管理的一部分，被集成进企业的资源系统（ERP）中。财务预警系统的意义是：首先，建立财务预警系统可以实现对风险的预判。通过搜集和分析企业的财务信息、市场信息、产业政策等信息，对企业的经营活动进行实时监控，预判可能出现的风险，向企业管理者发出警报。其次，财务预警系统还可以帮助控制危机。当风险转化为危机时，财务预警系统可以帮助管理者找出财务状况恶化的根源，有效地控制危机。

因此，建立财务预警系统是生物技术企业控制财务风险的有效手段之一。目前较为通用的财务预警模式是 Z – Score 模型，即：

$$Z = 0.012X_1 + 0.014X_2 + 0.033X_3 + 0.066X_4 + 0.999X_5$$

其中，Z 表示判别函数值；X_1表示营运资金/资产总额；X_2表示留存收益/资产总额；X_3表示息税前利润/资产总额；X_4表示普通股和优先股市场价值总额/负债账面价值总额；X_5表示销售收入/资产总额。该模型运用 5 个财务比率，即反映企业偿债能力的指标（X_1，X_4）、获利能力指标（X_2，X_3）和营运能力指标（X_5），综合分析、预测企业风险。一般认为，Z 值大于 2.675 时，表明企业财务状况良好；Z 值小于 1.81 时，表明企业财务状况堪忧；Z 值在 2.675 ~ 1.81 之间，说明企业财务状况不稳定。

四、技术选择管理

对投资项目的评估与决策是生物技术企业风险管理中最重要的问题。其中，技术选择管理是评估的主要内容。对生物技术的评估，应该从外部因素和内部因素两个方面分别进行。基于南京优科生物医药有限公司案例，本节将运用外部因素评价矩阵（EFE）和内部因素评价矩阵（IFE），对影响生物技术市场化的诸多因素进行整理和分析。其中，运用层次分析法（AHP 模型）确定每个外部或内部因素的权重。最后，基于 EFE 矩阵和 IFE 矩阵的综合得分，为该公司的技术选择决策提供建议。

（一）生物技术产品开发流程

高新技术企业的新产品开发一般要经历几个阶段，从产品规划阶段，到产品设计阶段、小规模生产阶段，直至大规模市场化生产。在产品开发的流程中，每个阶段都是相互影响的。在新产品开发的不同阶段，企业面对的主要风险也在发生变化。其中，产品规划阶段是企业的重要决策阶段，产品设计、小规模生产和大规模生产阶段为产品的实施阶段。

对于生物技术企业，由于面对的风险的特殊性，其对于新产品的管理更为严谨。本节以生物医药企业为主要研究对象，通过对武汉市创业园某生物医药企业的调研，总结了生物医药企业的新药开发流程。生物医药企业的新产品开发主要经历如图 7 – 8 所示的三个阶段。

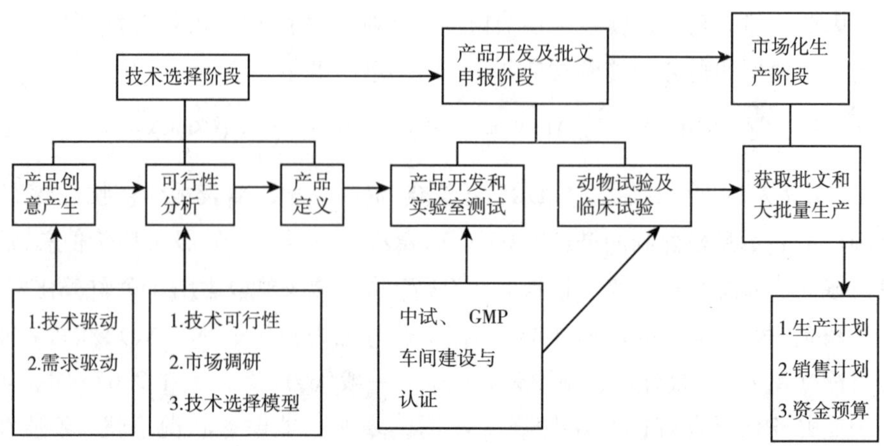

图 7-8 生物医药企业的新药开发流程

第一个阶段为技术选择阶段，这一阶段是重要的决策阶段。中国的生物技术产业处于产业生命周期中初创期到成长期，产业组织体系中的所有企业对风险的承受能力都较为薄弱。因此，项目初期的技术选择决策尤为重要，决策的结果将直接影响该项目的投资回报率。很多初创阶段的小微企业，其组建和发展主要是依托于创始人的一个或几个专利，因此，一个产品项目的成功与否甚至会直接影响到企业的生存。正确的技术选择决策，可以引导企业有限资源的合理使用，推进技术到市场的快速传递，提升技术转化的有效性，以此增强企业的盈利能力。特别的，生物技术产品的研发投入巨大，产品开发周期漫长，批文审查严格，市场的不确定性较高，这些特殊性也对产品前期的调研和决策提出了更高的要求。

技术选择阶段还可细分为三个步骤。第一个步骤是产品创意产生。生物技术新产品的创意主要有两个来源：一是技术驱动；二是市场需求驱动。技术驱动方式是指，一项基础研究的进步，能同时催生出很多项应用开发技术，进而产生新的产品创意。这种创意产生方式，依赖于相关技术的科学研究水平，以及“产学研”结合的密切度。这种方式的有效性较低，产品市场化水平较低，容易形成产品过于“阳春白雪”，无法适应市场需求。相较而言，市场需求驱动型更为合理。产品创意产生于实际需求，依据具体的需求细节，企业可以控制产品的开发方向和过程。现实的市场需求保障了技术向市场转移的有效性。

第二个步骤是可行性分析，包括技术的可行性和市场的可行性。技术可行性分析要求企业对支撑产品生产的所有技术进行可行性论证，确保产品生产的顺利进行，并预测产品的研发和生产成本。另外，通过市场调研，可明确产品的目标市场、目标客户、目前的市场结构、主要竞争企业或者是可替代产品的现状、市场规模，以及市场成熟度。如果说技术可行性分析是为了论证产品是否能够进入生产，那么市场调研则主要回答是否存在这样的产品市场，是否应该现在生产该产品。企业应该在可行性分析的综合结果基础上，运用合理的技术选择模型进行决策。

第三个步骤是产品定义。基于技术选择决策的结果，制订方案和预算。

生物医药企业的新产品开发经历的第二个阶段是产品开发及批文申报阶段。生物技术产品的特殊性主要在这个阶段体现。生物技术产品的开发需要巨大的资金投入，开发周期很长。对于药品来说，需要经历产品开发、实验室测试、GMP 车间建设和认证、中试、动物测试，以及临床测试多个步骤。对于一个新药，通常要经历 10 年甚至更长的时间。如果说技术选择阶段主要是为了规避产品风险，那么第二阶段需要应对财务风险，现金流管理是产品是否能进入市场化生产的决定性因素。

获取批文后，新产品就进入第三个阶段即市场化生产阶段。此阶段的重点是生产管理、存货管理、销售管理和应收账管理。

（二）EFE/IFE 矩阵原理

外部因素评价矩阵（EFE）是常用的战略决策分析工具之一。EFE 矩阵帮助决策者从技术层面、市场层面、经济层面、政治层面、法律层面，以及社会文化层面，归纳和评估影响技术市场化的主要外部因素，以帮助企业管理者进行合理的技术评估和决策。这些外部影响因素被分为外部机会和外部威胁两组加以评估。根据每个因素的重要性及其对技术选择决策影响的程度，赋予不同的权重。

EFE 矩阵的建立，包括四个主要的步骤。图 7－9 总结了主要的 EFE 矩阵建立流程。

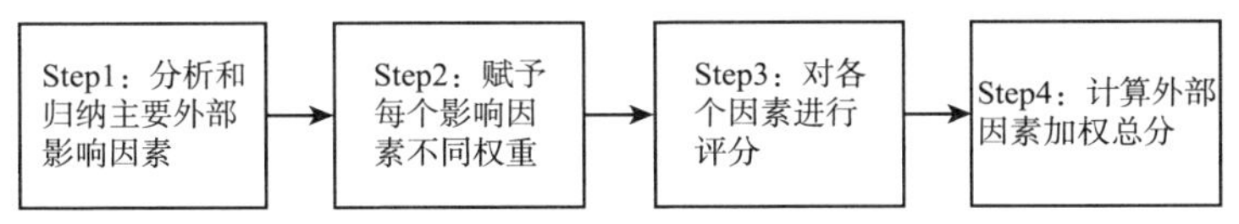

图 7－9　EFE 矩阵建立流程

步骤一，分析和归纳主要外部影响因素。首先进行系统全面的分析，罗列出影响技术市场化的所有可能的外部因素。而后运用分析者的专业知识和产业经验，筛选出主要影响因素，包括主要外部机会和主要外部威胁。此步骤要求进行全面的外部市场调研，了解企业运营所处的宏观环境、产业发展现状以及目标市场现状。

步骤二，赋予每个外部影响因素不同的权重。该权重表示的是因素的相对重要性，取值范围从 0（表示不重要）到 1.0（表示非常重要），权重越大，表明该因素对技术市场化的影响程度越大，因而应优先考虑。所有因素权数的合计应为 1.0。本书结合层次分析法进行权重的确定。由于权重的规定具有很大的主观性，笔者基于南京优科生物的案例，通过问卷调查和专家访问的形式，尽力保证判断是非主观的、无偏的。与此同时，笔者还比较了一些过去的成功项目和失败项目，以辅助权重的确定。由于企业具有逐利的本质特征，大部分企业，尤其是高新技术企业，是风险爱好或者风险中立者。因此，考虑赋予机会比威胁更高的权重。

步骤三，对各个因素进行评分。评分是站在企业和技术角度，评估每个外部因素对该项目影响的有效性，以及该项目对每个因素的应对能力。有四个可能的取值。对外部机会而言，4 分为重要机会，3 分为一般机会，2 分为一般威胁，1 分则为严重威胁。评分的过程，同样也是主观判断的过程。笔者通过访谈案例企业的管理者、技术开发者，以及相关研究领域的高校教授，综合意见进行打分。

步骤四，计算外部因素加权总分。在前三个步骤的基础上，建立 EFE 矩阵。计算外部机会和外部威胁的加权总分数，得出外部因素对技术市场化的综合影响。显而易见，加权总分数的取值范围是 1.0～4.0 分。

内部因素评价矩阵（IFE）的侧重点是从企业角度评估企业内部的资源、技术的可行性、项目面对的风险等。IFE 矩阵的建立过程，与 EFE 矩阵类似，分为竞争优势和竞争劣势两组。同样经过四个步骤，最后算出内部因素的加权总分。

最后，综合考虑外部因素得分和内部因素得分，进行分析和决策。图 7－10 运用四象限图的方式，总结了不同得分情况下的决策建议。由于外部因素是企业必须面对且难以改变的，因此，外部因素的得分应该在 2.5 分以上，该项目才有实施的外部可行性。另外，内部因素的可控性较强，得分在 2.0 分以上，该项目即具备内部可行性。当项目得分位于第一象限时，新产品面对较好的外部机会，并且企业自身具备了项目实施能力，应立即实施；项目得分位于第二象限时，虽然存在外部市场机会，但是企业缺乏项目的实施能力，应暂缓实施，同时积极增强企业的技术能力、信贷能力、产品竞争能力等，尽快达到实施的标准；项目得分位于第三象限时，产品面对不利的内外部环境，应放弃；项目得分位于第四象限时，产品开发具备内部可行性，外部环境有两种情况，若是市场尚未形成，仍处于孵化阶段，可暂缓实施，等待机会；若是产品偏离市场的需求，则应放弃。

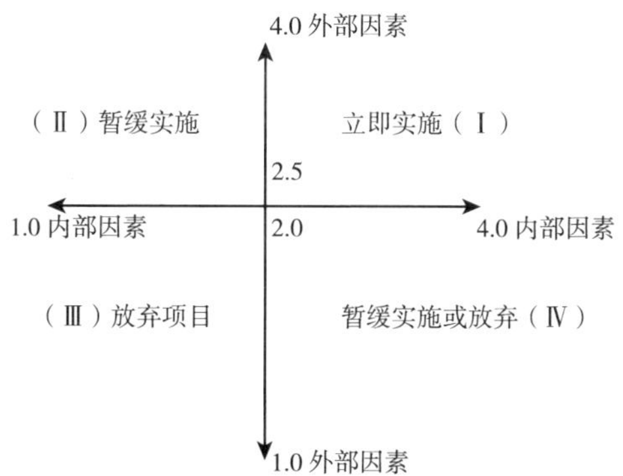

图 7－10　EFE/IFE 矩阵综合得分的四象限图及决策建议

（三）AHP 模型原理

层次分析法（Analytic Hierarchy Process，AHP）是由萨蒂（T. L. Saaty）于 20 世纪 70 年代提出的一种系统分析方法，至今被广泛应用于决策分析。现实的决策分析往往包括复杂的定性和定量因素，难以进行简单的统计分析。AHP 方法提供了一种系统的分析方法，可以统一各种因素，常用于多层次指标体系中各因素的权重确定。运用层次分析法的核心步骤是将复杂的决策相关的各个因素分解成若干层次、层级的分解要建立在深入分析实际问题的基础上，从上而下，通常分解为目标层、指标层（可以有多个），以及对象层。具体名称可以结合案例。本书将层次分析法运用于 EFE 矩阵和 IFE 矩阵中各因素权重的计算。

层次分析法的具体工作流程如下。

（1）分析现实问题，建立层次结构模型（见图 7－11）。层次结构的建议，应该遵循理论分析的逻辑，自上而下，层层解析，相邻两个层次的元素之间应该存在逻辑联系。案例中，结合 EFE 和 IFE 矩阵，将层次结构模型中的最高层，即目标层 A 定为外部因素和内部因素。指标层 B 为影响技术选择决策的主因素划分，分别为外部机会、外部威胁、内部优势和内部劣势。对象层 C 罗列了所有 EFE 和 IFE 矩阵中的影响因素。

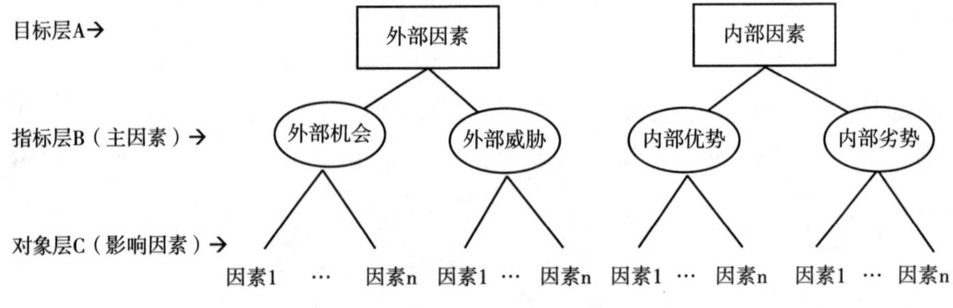

图 7－11　建立层次结构模型

（2）构造成对比较判断矩阵。判断矩阵的构建是层次分析法的核心，该矩阵通过两两因素比较，说明了每个层次（主要是指对象层）中每个因素的相对重要性，并用数值描述。通过相对重要性的判断，层次分析法将复杂的定性问题转化为定量分析。以图 7－11 构建的层 0 次结构模型为例，假设指标层 B 中元素 A_k 与对象层 C 中的元素 B_1，$B_2,\cdots,B_n$ 存在联系，那么可以建立成对比较判断矩阵 B，即：

$$B=\begin{pmatrix} b_{11} & b_{12} & \cdots & b_{1n} \\ b_{21} & b_{22} & \cdots & b_{2n} \\ \vdots & \vdots & \vdots & \vdots \\ b_{n1} & b_{n2} & \cdots & b_{nn} \end{pmatrix} \tag{7-1}$$

其中，b_{ij}代表的是相对于上个层次元素 A_k 而言，元素 B_i 对元素 B_j 的相对重要性。b_{ij}的取值范围采用了较为通用的萨蒂提出的评定量表，见表 7－16。

表 7－16　萨蒂评定量

相对重要性	定义	释义
1	同等重要	两个元素对于上个层次的元素，具有同样的重要性
3	稍显重要	经验和判断得出，前一个元素相比后一个元素稍显重要
5	显著重要	经验和判断得出，前一个元素相比后一个元素显著重要
7	高度重要	经验和判断得出，前一个元素相比后一个元素高度重要。这个等级的重要性，通常需要相似案例支撑
9	极端重要	大量现实案例证实，前一个元素相比后一个元素极端重要
2，4，6，8	中间值	上述重要性取值的中间值

显而易见，对于已构造的判断矩阵 B，下面的等式成立：

$$b_{ii}=1, b_{ij}=1/b_{ji} \tag{7-2}$$

其中，i，j=1，2，…，n。

（3）计算组合权向量，并对比较判断矩阵B做一次性检验。现实中构造出来的矩阵通常情况下无法达到完全的一致性。对于一致性的偏离，部分可能是由于人为主观判断的失误，部分是由于随机原因造成的。实际操作中，一致性的偏离是无法消除的，但是可以控制在合理的范围内。因此，需要对判断矩阵做一次性检验，若无法通过检验，则需重新构建矩阵。

假设 λ_{max} 是比较判断矩阵 $B=(b_{ij})_{n\times n}$ 的最大特征根，相对应于 λ_{max} 的特征向量 $W^T=(w_1,w_2,\cdots,w_n)$，因此，可得：

$$\begin{pmatrix} b_{11} & b_{12} & \cdots & b_{1n} \\ b_{21} & b_{22} & \cdots & b_{2n} \\ \vdots & \vdots & \vdots & \vdots \\ b_{n1} & b_{n2} & \cdots & b_{nn} \end{pmatrix} \times \begin{pmatrix} w_1 \\ w_2 \\ \vdots \\ w_n \end{pmatrix} = \lambda_{max} \times \begin{pmatrix} w_1 \\ w_2 \\ \vdots \\ w_n \end{pmatrix} \tag{7-3}$$

当 $i=j$ 时，$b_{ij}=1$，且 $b_{ij}\cdot(w_j/w_i)=1(i=1,2,\cdots,n)$。因此，可得：

$$\sum_{i\neq j} b_{ij}\cdot(w_j/w_i)+n=n\cdot\lambda_{max} \tag{7-4}$$

式（7-4）可转化为：

$$\begin{aligned} n\cdot\lambda_{max}-n &= \sum_{0\leq i<j\leq n} b_{ij}\times(w_j/w_i)+\sum^{0\leq j<i\leq n} b_{ij}\times(w_j/w_i) \\ &= \sum_{0\leq i<j\leq n}[b_{ij}\times(w_j/w_i)+(1/b_{ij})\times(w_j/w_i)]\geqslant n\times(n-1) \end{aligned}$$

假设对于判断矩阵 $B=(b_{ij})_{n\times n}$，其中每个元素的权重是 $(w_1,w_2,\cdots,w_n)$，可计算出：

$$b_{ij}=(w_i/w_j)(1+\phi_{ij}),$$
$$\text{其中}, \phi_{ij}>-1(i,j=1,2,\cdots,n) \tag{7-5}$$

显而易见，对于任意的i和j值，当 $\phi_{ij}=0$ 时，判断矩阵B满足完全一致性。也就是说，当 $|\phi_{ij}|$ 的值越接近于0，判断矩阵的一致性越高。

下面将 b_{ij} 代入式（7-3），可推导出：

$$n\times\phi_{max}=\sum_{0\leq i<j\leq n}[(1+\phi_{ij})+1/(1+\phi_{ij})] \tag{7-6}$$

运用泰勒展开式，可得：

若

$$|\phi_{ij}| < 1, n \cdot \lambda_{max} - n \approx n(n-1) + \sum_{0 \leq i < j \leq n} \phi_{ij}^2 \quad (7-7)$$

令 $\phi = \max_{i,j=1,2,\cdots,n} |\phi_{ij}|, \phi^2 = 2\sum_{0 \leq i < j \leq n} \phi_{ij}^2 / n(n-1)$，则可得：

$$\phi^2/2 \approx (\lambda_{max} - n)/(n-1) \leq \phi^2/2 \quad (7-8)$$

得出结论：当趋近于 0，$(\lambda_{max} - n)$ / $(n-1)$ 的数值也将趋近于 0，判断矩阵的一致性越高。因此，$(\lambda_{max} - n)$ / $(n-1)$ 为判断矩阵的一次性指标（CI）。然而，随着判断矩阵阶数的增加，一致性随机偏离的可能性越大。因此，需要使用平均随机一致性指标（RI），调整一次性指标（CI），得出最后的检验系数（CR）。计算方法为：

$$CR = CI/RI,$$

其中，$CI = (\lambda_{max} - n)/(n-1)$ (7-9)

RI 的计算是基于 500 个判断矩阵组成的样本，见表 7-17。通常情况下将 0.10 作为判断临界点。当 CR 小于 0.1 时，认为判断矩阵通过一致性测试。

表 7-17 平均随机一致性指标

阶数	1	2	3	4	5	6	7	8
RI	0	0	0.52	0.89	1.12	1.26	1.36	1.41

（4）计算层次总权重，并进行排序。

五、生物技术选择管理案例分析

（一）案例介绍

南京优科生物医药有限公司（以下简称“优科”）是一家致力于生物药品的研发和生产的生物医药企业，为国家认定的高新技术企业。控股企业及关联企业是江苏省抗感染药物工程技术中心、江苏省科技计划项目“企业院士工作站”，建立的研发平台包括江苏省企业院士工作站、江苏省抗重度感染药物工程技术研究中心、创新企业孵化基地以及企业博士后流动站等。公司目前拥有4个已上市国家一类新药，知识产权开发方面已申请的发明专利有40余项。2012年财报数据显示，“优科”2012会计年度实现销售收入1.67亿元人民币，净利润为1840万元人民币。

盐酸莫西沙星注射液项目（简称“项目”）是“优科”最重要的技术创新。该项目的研发过程需要投入大部分的企业资源，对企业的发展至关重要。本书以此新药作为技术选择的案例，运用上述的EFE/IFE矩阵及AHP模型，对项目进行评估。

（二）外部影响因素分析

首先，分析“项目”的外部影响因素，构建外部影响因素层次模型。模型分为三个层次。目标层为外部影响。指标层分为外部机会和外部威胁。外部机会相关联的对象层包括六个具体影响因素，分别为产业的战略地位、产业政策、潜在市场规模、市场集中度、产业进入壁垒和产业集群。外部威胁相关联的对象层也包括六个具体影响因素，分别为资本市场、产业规制、现存市场规模、智力资源、产业结构和企业纵向整合。对每项因素的解释，见表6-9。

其次，构造成对比较判断矩阵。本案例针对外部因素，构建了两个判断矩阵，分别为外部机会比较判断矩阵和外部威胁比较判断矩阵。通过问卷调查和专家访问的形式，并结合文献阅读和研究者的判断，取得数据。同时，两个矩阵的CR系数均小于0.1，通过一致性检验。

比较判断矩阵的结果显示，在外部影响因素中，多数专家认为最重要的外部机会因素是潜在市场规模（权重为0.374），说明市场需求仍是项目发展最重要的驱动力。其次是产业在国民经济中的战略地位（权重为0.26）和产业政策（权重为0.151）。生物技术产业在中国仍处于产业生命周期的初创到发展阶段，政府干预和扶持对引导和促进产业发展有重要作用。较高的产业进入壁垒（权重为0.118）也在较大程度上保护了企业的发展。

在外部威胁因素中，对“项目”最大的威胁同样来自市场方面（权重超过0.4）。但由于可预计未来的市场空间将迅速扩大，该因素对本项目的威胁较小。其他主要威胁来自不成熟的资本市场（权重为0.151）、有限的智力资源（权重为0.23）和产业结构中的重复建设现象（权重为0.101）。

在比较判断矩阵的基础上，笔者通过访谈案例企业的管理者、技术开发者，以及相关研究领域的高校教授，综合意见，对每个外部因素进行评分。表7-18总结了外部因素的权重、评分，以及最后的总加权分数。

表7-18　　外部因素矩阵及加权总分的计算

外部机会	权重	评分	加权总分
1. 产业在国民经济中的战略地位： 生物技术产业是中国政府提出的七大“战略性新兴产业”之一	0.26	4	1.04
2. 产业政策： 国家通过多种产业政策手段，促进生物技术产业发展，包括直接财政补贴、税收优惠政策等	0.151	3	0.453
3. 潜在市场规模： 人民生活水平的提高和国家医疗保障制度的改革都促进了对高质量医药产品的需求 前期市场调研数据也表明，市场对高端的酮类药品存在很大的潜在需求	0.374	4	1.496
4. 市场集中度： 案例企业所在的细分市场集中度较低，主要是处于初创期的中小型创新型生物医药企业	0.035	4	0.14
5. 产业进入壁垒： 由于对产品的技术要求较高，产品受专利权保护，因此市场进入壁垒较高，市场竞争度较低	0.118	4	0.472
6. 产业集群： 政府引导的产业集群发展加速了产品的产业化进程	0.062	3	0.186
外部威胁			
7. 资本市场： 目前，国内资本市场尚未成熟，资本退出机制不健全，制约了资本的自由合理流通	0.151	1	0.151
8. 产业规制： 现有的产业管制手段不健全	0.071	2	0.142
9. 现存市场规模： 现有市场规模较小，仍处于市场的培育形成期，但增长速度非常快	0.407	3	1.221
10. 智力资源： 智力资源有限，多数企业自主研发能力较为薄弱	0.23	2	0.46
11. 产业结构： 产业结构中重复建设现象较为严重，造成低附加值产品产量过剩	0.101	1	0.101
12. 企业纵向整合： 近年来产业组织中并购行为活跃	0.04	3	0.12
调整前总计	2.00		5.982
调整后总计	1.00		2.991

（三）内部影响因素分析

内部影响因素的分析过程与外部因素的分析相似。

首先，分析“项目”的内部影响因素，构建内部影响因素层次模型。模型分为三个层次。目标层为内部影响，指标层分为内部优势和内部劣势。内部优势相关联的对象层包括六个具体影响因素，分别为产品创新程度、技术重要性、技术延伸性、期望投资回报率、产品生命周期和产品生产成本。内部劣势相关联的对象层也包括六个具体影响因素，分别为前期资本投入、产品开发周期、产品风险、企业社会关系、产业化潜力和企业技术能力。对每项因素的解释，见表7-19。

表7-19 内部因素矩阵及加权总分的计算

内部优势	权重	评分	加权总分
1. 产品创新程度： “项目”相关技术虽然并非世界首创，但盐酸莫西沙星原料及其制剂的技术再创新是“国家十二五重大专项”项目之一	0.237	3	0.711
2. 技术重要性： “项目”产品为钠盐摄入限制的呼吸道感染提供治疗方案	0.41	4	1.64
3. 技术延伸性： 相关技术可能为未来相关技术领域发展提供支持，但尚无法预测	0.055	2	0.11
4. 期望投资回报率： 由于新药受专利保护，“项目”一旦通过开发和临床阶段，进入市场后，预计项目的投资回报率将高于市场平均	0.172	4	0.688
5. 产品生命周期： 由于专利保护，以及产品研发对技术和资本的较高要求，通常情况下，生物医药创新产品的生命周期将超过30年	0.091	4	0.364
6. 产品生产成本： 生物医药产品的成本主要产生于研究和开发阶段，直接生产成本（包括原料、生产人员工资和制造费用）非常低	0.036	3	0.108
内部劣势			
7. 前期资本投入： “项目”要求巨大的前期资本投入，包括产品的研究和开发费用、GMP认证车间建设等。“项目”进行过程中的任何一个环节，若出现现金流短缺，将很可能导致项目失败	0.162	1	0.162

续表

内部劣势	权重	评分	加权总分
8. 产品开发周期： “项目”的开发周期非常长，主要是由于生物技术的复杂性，以及各国对医药审批程序的严格性，如严格的动物测试和临床测试要求	0.116	1	0.116
9. 产品风险较大： 生物技术产品面对非常高的产品风险	0.258	2	0.516
10. 企业社会关系： 企业的社会关系对“项目”的进展有一定影响，如银行关系、股东关系、员工关系、政府关系、债权人关系、供应商关系、经销商关系和医院关系等	0.061	3	0.183
11. 产业化潜力： 技术的产业化潜力和产品的市场接受度对“项目”可行性有较大影响	0.372	2	0.744
12. 企业技术能力： 考察企业是否有能力提供较高的研发强度，支持产品前期研发活动，以及使用病人的跟踪服务。“优科”拥有较强的专家团队和实验室	0.031	2	0.062
调整前总计	2.00		5.404
调整后总计	1.00		2.702

其次，构造成对比较判断矩阵。本案例针对内部因素，构建了两个判断矩阵，分别为内部优势比较判断矩阵和内部劣势比较判断矩阵。同样通过问卷调查和专家访问的形式，并结合文献阅读和研究者的判断，取得数据。同时，两个矩阵的 CR 系数均小于0.1，通过一致性检验。

比较判断矩阵的结果显示，在内部影响因素中，多数专家认为企业最重要的内部优势是技术重要程度（权重为0.41）和创新程度（权重为0.237），技术本身的价值仍是技术选择的首要考量。另外，较高的期望投资回报率是生物技术产品的优势（权重为0.172）。

在内部劣势方面，产业化潜力（权重为0.372）直接影响项目的可行性。专家们还将关注点放在生物技术本身的特殊性带来的特殊风险，例如，巨大的前期资本投入（权重为0.162）、很长的产品开发周期（权重为0.116）和较大的产品风险（权重为0.258）。

在比较判断矩阵的基础上，对每个内部因素进行评分。表7－19 总结了内部因素的权重、评分，以及最后的总加权分数。

（四）技术选择案例分析结论

“项目”的外部因素的总加权分数为2.991，说明新产品面对的外部机会大于外部威胁。“项目”的内部因素的总加权分数为2.702，说明企业的内部优势大于内部劣势。数据位于EFE/IFE矩阵综合得分的四象限图的第一象限，新产品面对较好的外部机会，并且企业自身具备了项目实施能力，应立即实施。

六、企业技术联盟

风险共担机制的另一种模式是企业技术联盟。企业技术同盟已经广泛存在于生物技术发达国家产业内部以及国际间的合作。通常的形式是，大型制药上市公司与中小规模的生物技术公司构建技术联盟，共同承担某个项目开发的风险，也共享潜在的利益。这种方式可令双方都得利。大型制药企业通过技术同盟，可以以较低的成本，取得创新技术。中小企业可以通过技术同盟，降低产品开发的风险。表7-20总结了截至2012年全球主要的生物技术联盟。

表7-20　2012年全球主要的生物技术联盟

大型生物制药企业	国家	合作者（中小生物企业）	国家	总潜在价值（亿美元）
Allergan	美国	Molecular Partners	瑞士	14.6
Abbott Laboratories	美国	Galapagos	比利时	13.5
GlaxoSmithKline	英国	Five Prime Therapeutics	美国	11.9
Johnson & Johnson	美国	Genmab	丹麦	11.3
Les Laboratoires Servier	法国	MacroGenics	美国	11.0
Merck & Co.	美国	Endocyte	美国	10.0
Sanofi	法国	Selecta Biosciences	美国	9.0
Boehringer Ingelheim	德国	Forma Therapeutics	美国	8.2
Bayer	德国	Evotec	德国	7.6
Johnson & Johnson	美国	Forma Therapeutics	美国	7.0
Roche	美国	Xenon Pharmaceuticals	加拿大	6.5
Merck KGaA	德国	Symphogen	丹麦	6.4
Biogen Idec	美国	Isis Pharmaceuticals	美国	6.3
Merck & Co.	美国	Ablynx	比利时	5.9
Merck & Co.	美国	AiCuris	德国	5.7

资料来源：安永报告《Beyong Borders 2013》。

第八章　总　　结

本书主要内容如下。

第一章创新理论与研究视角，是本书的引入章节，分别介绍了本书的研究背景、创新理论、本书研究视角与研究意义。其中，创新理论中阐述了主要的创新理论学派，在此基础上，分析了技术创新、制度创新和管理创新三者之间的辩证关系。最后引出本书的研究视角——企业家精神配置与企业创新的关系研究。本书所研究的课题具有较强的学术价值和应用价值。

第二章企业家精神与企业创新的文献综述，分别从企业家精神、企业创新、企业家精神与企业创新的关系这三个角度梳理国内外代表性的文献，并进行总结归纳，体现本书研究内容和研究方向的创新性。

第三章企业家精神与企业创新绩效关系的实证研究是本书的重点章节，是企业家精神差异化配置与企业创新绩效关系的实证研究部分。第三章着重从管理者个人特征入手，通过对企业管理者年龄、性别、受教育水平、激励方式等特征进行分析，与企业研发投入金额数量相挂钩，分析这些因素对于企业创新的影响。本章的研究可以丰富管理者个人特征与激励对企业创新程度关系的相关理论研究，具有一定的理论意义。此外，研究可为企业应该聘用具有何种特征的管理者提供理论支持，为完善企业管理者任用制度、激励约束政策的制定，从而提高企业创新水平提供必要的实证数据支撑，具有重要的现实意义。

第四章归属感、内部人身份认知与企业创新，主要从员工角度入手。在本书对于企业家精神配置与企业创新的研究中，本章是非常重要的研究视角和研究子项。企业想要进一步提升自己的竞争优势，必须认识到人力资源管理的重要性。从员工归属感角度考虑“员工—企业”关系，提升员工的归属感和认同度将会是企业未来战胜竞争的法宝。本章将从企业员工的角度去解读企业家精神在企业创新中的重要作用，探究员工（包括管理者）的归属感和内部人身份认知对企业家精神正确配置的重要影响，以及对企业创新的重要推动作用。

第五章家族企业代际传承阶段性差异与企业创新。家族企业是我国民营经济的重要组织形式，其发展策略和创新能力对我国民营经济的可持续发展具有非常重要的影响作用。要全面研究企业家精神与企业创新的关系，家族企业是重要的研究范畴。本章聚焦家族企业，探究家族企业代际传承的特殊时期对企业创新投入的影响，以此反映家族企业中企业家精神配置与企业创新之间的关系。

第六章科技保险缓解融资约束促进企业创新研究。企业的创新活动受到很多因素的制约，其中科技风险和融资约束是主要障碍。企业创新投入的决策者是股东，但实际提出方案和执行的人，是企业的管理者。科技风险的存在会影响企业家精神向创新活动配置，而促使企业家选择更加保守的战略，以避免研发项目失败可能带来的经济损失、利润波动，甚至是破产风险。科技风险影响企业家精神配置，进而影响企业创新。融资约束则直接影响企业研发活动的开展。科技风险的存在会增加企业融资的难度，提高融资约束水平，进而影响企业创新。科技保险可以有效缓解融资约束，促进企业创新。

第七章典型行业分析：生物技术企业创新。本章从生物技术产业这个典型的高新技术产业（七大战略性新兴产业之一）切入，系统地研究我国生物技术产业发展现状、产业发展特征、企业组织特征、技术创新现状、技术创新特征等方面，并在此基础上，提出促进生物技术企业创新发展的政策建议。本章的研究一方面有助于政府制定发展现代生物技术产业的有效政策，对提高生物技术企业的生存能力和发展能力、促进生物技术产业健康快速发展具有重要的现实意义和理论价值；另一方面有助于加深本书第一章至第六章关于企业家精神与企业创新理论研究的内涵深度，将理论研究应用于实际案例，提高本书的应用价值。

参考文献

[1] 蔡华，于永彦，蒋天颖．民营企业家精神的测量与分析［J］．统计与决策，2009（16）：163－165.

[2] 常修泽，戈晓宇．企业创新论［J］．经济研究，1989（2）：3－10.

[3] 陈红梅，梁敏，乔朋华．企业家精神、研发投入与区域创新绩效［J］．调研世界，2021（3）：58－64.

[4] 陈俊龙，齐平，李夏冰．企业家精神、企业成长与经济增长［J］．云南社会科学，2014（3）：84－88.

[5] 陈凌，窦军生．2016中国家族企业健康指数报告［M］．杭州：浙江大学出版社，2016.

[6] 陈卫东，卫维平．企业家精神与企业绩效关系的结构方程建模［J］．系统工程学报，2010，25（2）：171－176.

[7] 陈欣，陈德球．投机文化，管理者特征与公司创新［J］．管理评论，2020，（12）：69－78.

[8] 陈新中．企业增强创新发展新动力的研究［J］．全国流通经济，2019，（26）：78－79.

[9] 陈燕宁．融资约束、研发投入与企业绩效相关性研究［J］．经济论坛，2017（5）：95－99，112.

[10] 程晨．家族企业代际传承：创新精神的延续抑或断裂？［J］．管理评论，2018，30（6）：83－94.

[11] 程东全，李军．企业管理职能的整合［J］．管理世界，2006（5），156－157.

[12] 程俊杰．制度变迁、企业家精神与民营经济发展［J］．经济管理，2016，38（8）：39－54.

[13] 褚杉尔，高长春，高晗．企业家社会资本、融资约束与文化创意

企业创新绩效 [J]. 财经论丛, 2019 (10): 53-63.

[14] 单春林. 基于马斯洛需求层次理论的激励路径实践 [J]. 电子技术, 2020, 49 (9): 124-125.

[15] 党建锋. 提升员工归属感 凝聚核心竞争力——浅论员工归属感对企业组织发展的决定性意义 [J]. 衡器, 2020, 49 (3): 43-45.

[16] 邓可斌, 曾海舰. 中国企业的融资约束: 特征现象与成因检验 [J]. 经济研究, 2014 (2): 47-60, 140.

[17] 丁友刚, 胡兴国. 内部控制、风险控制与风险管理——基于组织目标的概念解说与思想演进 [J]. 会计研究, 2007 (12): 51-54.

[18] 丁宇, 王卫江, 李文胜, 刘正刚. 创新型企业文化对企业成长的影响: 战略能力的中介作用——以新疆科技型中小企业为例 [J]. 科技与经济, 2015, 28 (2): 31-35.

[19] 方军雄. 我国上市公司高层管理者的薪酬存在粘性吗? [J]. 经济研究, 2009, 44 (3): 110-124.

[20] 郭超. 子承父业还是开拓新机——二代接班者价值观偏离与家族企业转型创业 [J]. 中山大学学报 (社会科学版), 2013, 53 (2): 189-198.

[21] 郭春野, 庄子银. 知识产权保护与"南方"国家的自主创新激励 [J]. 经济研究, 2012, 47 (9): 32-45.

[22] 郭凤侠. 战略性新兴产业发展的 SWOT 分析: 以生物产业为例 [J]. 财经问题研究, 2010 (10): 33-37.

[23] 郭婧. CEO 特征对公司研发投资的影响——基于上市公司 2010—2014 年数据的实证研究 [J]. 审计与经济研究, 2016, 31 (6): 77-84.

[24] 郭晟豪, 萧鸣政. 鼓励员工归属真的是好事吗? ——集体主义人力资源管理、内部人身份与被道德认同调节的怠惰行为 [J]. 外国经济与管理, 2017, 39 (8): 40-55.

[25] 国家发展改革委高技术产业司. 生物技术产业发展特点及趋势展望 [J]. 宏观经济管理, 2013 (7): 26-27.

[26] 国家统计局. 中国高技术产业统计年鉴 2013-2017 [R]. 北京: 中国统计出版社, 2013-2017.

[27] 韩翼, 廖建桥, 龙立荣. 雇员工作绩效结构模型构建与实证研究 [J]. 管理科学学报, 2007 (5): 62-77.

[28] 洪泸敏, 钟勇. 新常态下劳动密集型企业一线员工归属感研究——以

中山市A工业园区为例［J］. 技术与创新管理，2019，40（3）：361－367＋370.

［29］黄海杰，吕长江，朱晓文. 二代介入与企业创新——来自中国家族上市公司的证据［J］. 南开管理评论，2018（1）：6－16.

［30］黄婷婷，高波. 金融发展、融资约束与企业创新［J］. 现代经济探讨，2020（3）：22－33.

［31］黄英君，赵雄，蔡永清. 我国政策性科技保险的最优补贴规模研究［J］. 保险研究，2012（9）：64－75.

［32］惠男男，许永斌. 代际传承、创始人特征与家族企业长期投资［J］. 财经论丛，2016（12）：46－55.

［33］简新华，殷保胜. 中国自主创新的动力和实现机制［J］. 江海学刊，2008（1）：64－69.

［34］康艳玲，黄国良，陈克兢. 高管特征对研发投入的影响——基于高技术产业的实证分析［J］. 科技进步与对策，2011，28（8）：147－151.

［35］雷洪，朱岭. 国营大中型企业工程技术人员劳动组织归属感及其相关因素分析——对武汉机床厂工程技术人员的调查［J］. 社会学研究，1995（3）：8－24.

［36］黎文靖，郑曼妮. 实质性创新还是策略性创新？——宏观产业政策对微观企业创新的影响［J］. 经济研究，2016，51（4）：60－73.

［37］李春涛，孔笑微. 经理层整体教育水平与上市公司经营绩效的实证研究［J］. 南开经济研究. 2005（1）：8－14，30.

［38］李红坤，郭奇，李子晗. 高新技术产业科技保险需求的影响因素研究——基于山东省257家高新技术企业的调查［J］. 经济与管理评论，2015（1）：89－97.

［39］李宏彬，李杏，姚先国，张海峰，张俊森. 企业家的创业与创新精神对中国经济增长的影响［J］. 经济研究，2009，44（10）：99－108.

［40］李慧聪，孙亚会，李一珊. 国有股权参股对家族企业创新效率影响机制与路径研究［J］. 科技进步与对策，2021，38（13）：1－10.

［41］李兰，仲为国，彭泗清，郝大海，王云峰. 当代企业家精神：特征、影响因素与对策建议——2019中国企业家成长与发展专题调查报告［J］. 南开管理评论，2019，22（5）：4－12，27.

［42］李梅. 如何降低员工的流失率［J］. 中国人力资源开发，2005（3）：55－57.

[43] 李启才，顾孟边．我国科技保险的定价方法和策略分析 [J]．现代管理科学，2015 (3)：94 -96.

[44] 李天柱，银路，程跃等．生物技术产业集群的动力机制及其演进——基于国外典型集群的多案例研究 [J]．技术经济，2009 (12)：4 -11.

[45] 李巍，丁超．企业家精神、商业模式创新与经营绩效 [J]．中国科技论坛，2016 (7)：124 -129.

[46] 李维安，王辉．企业家创新精神培育：一个公司治理视角 [J]．南开经济研究，2003 (2)：56 -59.

[47] 李希萍．论员工归属感的提升 [J]．山西科技，2013，28 (6)：33 -36.

[48] 李新春，韩剑，李炜文．传承还是另创领地？——家族企业二代继承的权威合法性建构 [J]．管理世界，2015 (6)：110 -124.

[49] 李新春，苏琦，董文卓．公司治理与企业家精神 [J]．经济研究，2006 (2)：57 -68.

[50] 李新春，张鹏翔，叶文平．家族二代认知差异与企业多元化战略调整——基于中国上市家族企业二代进入样本的实证研究 [J]．中山大学学报 (社会科学版)，2016，56 (3)：183 -193.

[51] 李杏．企业家精神对中国经济增长的作用研究——基于 SYS-GMM 的实证研究 [J]．科研管理，2011，32 (1)：97 -104.

[52] 李媛媛，刘思羽．科技金融网络对企业技术创新的影响——基于企业生命周期视角 [J]．中国科技论坛，2021 (6)：119 -128.

[53] 李子奈，鲁传一．管理创新在经济增长中贡献的定量分析 [J]．清华大学学报 (哲学社会科学版)，2002 (2)，25 -31.

[54] 栗芳芳，伍诗雨，赖黎．管理者特征与企业创新活动研究 [J]．东北财经大学学报 . 2020 (2)：61 -67.

[55] 梁强，周莉，邹立凯．二代自主权与家族企业多元化战略：能力禀赋的调节效应 [J]．外国经济与管理，2016，38 (7)：24 -40.

[56] 刘风侠．企业家精神、创新激励与企业创新绩效 [J]．财会通讯，2019 (36)：55 -58.

[57] 刘刚．影响企业创新的内外部因素研究 [J]．上海管理科学，2019，41 (1)：92 -98.

[58] 刘光富，Stephen C-Y Lu. 中国国有企业技术创新动力与体系的探

究［J］. 云南师范大学学报（哲学社会科学版），2009，41（6）：109－115.

［59］刘绍娓，万大艳．高管薪酬与公司绩效：国有与非国有上市公司的实证比较研究［J］．中国软科学，2013（2）：90－101.

［60］刘胜强．企业技术创新的“原动力”分析［J］．科技管理研究，2007（10）：205－206，209.

［61］刘小平．企业员工的组织归属感及形成研究［J］．管理现代化，2002（6）：36－40.

［62］刘小平．组织承诺影响因素比较研究［J］．管理科学，2003（4）：7－12.

［63］鲁传一，李子奈．企业家精神与经济增长理论［J］．清华大学学报（哲学社会科学版），2000（3）：42－49.

［64］吕长江，赵宇恒．国有企业管理者激励效应研究——基于管理者权力的解释［J］．管理世界．2008，（11）：99－108.

［65］吕文栋．管理层风险偏好、风险认知对科技保险购买意愿影响的实证研究［J］．中国软科学，2014（7）：128－138.

［66］吕文栋，赵杨，彭彬．科技保险相关问题探析［J］．保险研究，2008（2）：36－40.

［67］罗丹．增强员工归属感 促进企业健康和谐发展［J］．红河学院学报，2009，7（4）：104－106.

［68］骆鹏．影响我国企业创新强度的因素调查［J］．经济纵横，2006（14）：80－82.

［69］潘红波，杨海霞．融资约束与企业创新：文献综述［J］．财会月刊，2021（1）：30－36.

［70］潘健平，王铭榕，吴沛雯．企业家精神、知识产权保护与企业创新［J］．财经问题研究，2015（12）：104－110.

［71］齐绍洲，林屾，崔静波．环境权益交易市场能否诱发绿色创新？——基于我国上市公司绿色专利数据的证据［J］．经济研究，2018，53（12）：129－143.

［72］阮敏，肖风．自愿参与型环境规制与企业技术创新——公众关注度和市场进程的调节作用［J］．科技进步与对策，2021：1－11.

［73］赛迪顾问．中国生物产业报告 2010－2011［R］．北京：赛迪顾问开发区研究中心，2011.

[74] 邵学青，刘志春．政策性科技保险的框架设计［J］．中国科技投资，2007（11）：49－52.

[75] 宋刚等．复杂性科学视野下的科技创新［J］．科学与社会，2008(2)：28－32.

[76] 宋利，古继宝．员工组织承诺的培育：心理契约与信任视角［J］．科技管理研究，2005（7）：38－41.

[77] 苏启林，朱文．上市公司家族控制与企业价值［J］．经济研究，2003（8）：36－45.

[78] 谭启献．企业责任和企业创新研究［J］．管理观察，2019（4）：50－52.

[79] 汤颖梅，王怀明，白云峰．CEO 特征、风险偏好与企业研发支出——以技术密集型产业为例［J］．中国科技论坛，2011（10）：89－95.

[80] 唐义蓉．基于双因素理论的 A 银行网点负责人队伍激励研究［J］．财经界．2021（2）：185－186.

[81] 汪辉平，王增涛．创新型企业家精神更有利于经济的长期增长吗？［J］．南开经济研究，2018（4）：85－101.

[82] 汪祥耀，金一禾．家族企业代际传承及二代推动战略转型的绩效研究［J］．财经论丛，2015，200（11）：61－70.

[83] 王艾青．技术创新、制度创新与产业创新的关系分析［J］．当代经济研究，2005（8）：31－34.

[84] 王安琪，熊胜绪．企业网络关系对技术创新绩效影响的实证分析［J］．统计与决策，2020，36（5）：184－188.

[85] 王飞绒，陈劲．技术联盟与创新关系研究述评［J］．科研管理，2010，31（2）：9－17.

[86] 王贵军．心理契约感知、组织承诺与员工创新行为的关系研究［J］．中国人力资源开发，2015（11）：58－65.

[87] 王立夏，刘焱，尹翔雨．家族企业的企业家精神与商业模式创新双案例研究——基于社会情感财富视角［J］．管理案例研究与评论，2021，14（2）：178－191.

[88] 王明华，黄家乐．民营科技企业持续创新机制研究［J］．科技和产业，2014，14（10）：121－123，168.

[89] 王启亮，虞红霞，李绩才．企业家精神、企业声誉与组织间知识

分享 [J]. 科学学研究, 2021, 39 (4): 749-757.

[90] 王文华, 张卓, 季小立. 高管持股与研发投资: 利益趋同效应还是管理防御效应? ——基于高新技术上市公司的实证研究 [J]. 研究与发展管理, 2014 (4): 23-31.

[91] 王文举, 姚益家. 企业家精神、经济增长目标与经济高质量发展 [J]. 经济经纬, 2021, 38 (3): 1-11.

[92] 王晓红, 胡士磊. 非正规部门竞争、政治寻租与新创企业市场创新 [J]. 技术经济, 2019, 38 (10): 104-111.

[93] 王肖云. 企业创新影响因素分析 [J]. 商, 2016 (27): 5.

[94] 王雁飞, 蔡如茵, 林星驰. 内部人身份认知与创新行为的关系——一个有调节的中介效应模型研究 [J]. 外国经济与管理, 2014, 36 (10): 40-53.

[95] 王永进, 冯笑. 行政审批制度改革与企业创新 [J]. 中国工业经济, 2018 (2): 24-42.

[96] 王媛媛. 高新技术产业科技保险投保需求的实证研究 [J]. 科技管理研究, 2016 (21): 167-172.

[97] 魏丽莉, 任丽源. 碳排放权交易能否促进企业绿色技术创新——基于碳价格的视角 [J]. 兰州学刊, 2021 (7): 91-110.

[98] 吴斌, 黄明峰. 企业绩效、高管人力资本特征与控制权配置——基于我国中小企业板风险企业的经验数据 [J]. 中国软科学, 2011 (4): 161-174.

[99] 吴昊, 吴笑雯. 基于激励理论探索 OBE 教育理念的实施 [J]. 林区教学. 2021 (4): 42-44.

[100] 吴炯, 李保杰. 家族企业接班者的政治关联、人力资本与跨代创业行为 [J]. 管理学报, 2015, 12 (11): 1638.

[101] 吴炯, 梁亚. 合法性调节下接班人权力对家族企业战略变革的影响 [J]. 管理学报, 2017 (11): 99-107.

[102] 吴翌琳. 企业家精神对创新影响的均衡性与差异性研究——基于创新调查与财务数据对接的微观证据 [J]. 财经问题研究, 2019 (4): 113-121.

[103] 伍燕芬. 基于员工归属感的企业文化建设探究 [J]. 东方企业文化, 2015 (19): 5-7.

[104] 伍业锋, 刘建平. 生物产业的界定及统计制度方法初探 [J]. 统

计与决策，2011（20）：35－37.

［105］谢科范，倪曙光．科技风险与科技保险［J］．科学管理研究，1995（2）：49－52.

［106］谢科范，赵湜，刘骅，等．科技保险实施中三方不完全信息动态博弈分析［J］．武汉理工大学学报（社会科学版），2009（5）：6－9.

［107］谢智敏，王霞，曾铖．基于城市群视角的企业家精神研究：区域差异与政策启示［J］．经济体制改革，2019（4）：55－62.

［108］辛清泉，林斌，王彦超．政府控制、经理薪酬与资本投资［J］．经济研究，2007（8）：110－122.

［109］徐剑．实证分析视角下的企业绩效与员工归属感的关系研究［J］．技术与创新管理，2012，33（3）：364－366，372.

［110］徐静，赵静，吴慈生．企业家文化资本与企业家精神［J］．管理世界，2016（3）：180－181.

［111］许万耷．增强企业员工归属感的几点思考——以福建省晋江市为例［J］．海峡科学，2018（8）：90－91，97.

［112］焉昕雯，孔爱国．管理者能力对企业价值的提升效应——基于市场竞争与地方保护的视角［J］．复旦学报．2021（1）：172－183.

［113］严汉平，白永秀．不同视角下制度创新路径的比较——一个关于制度创新路径的文献综述［J］．经济评论，2005（5）：31－35.

［114］阳镇，凌鸿程，陈劲．经济政策不确定性、企业社会责任与企业技术创新［J］．科学学研究，2021，39（3）：544－555.

［115］杨勇，朱乾，达庆利．中国省域企业家精神的空间溢出效应研究［J］．中国管理科学，2014，22（11）：105－113.

［116］姚艳虹，衡元元．知识员工创新绩效的结构及测度研究［J］．管理学报，2013，10（1）：97－102.

［117］余凤翥．转型期国有企业自主创新动力问题的探索［J］．科技管理研究，2008（8）：9－10.

［118］余明桂，范蕊，钟慧洁．中国产业政策与企业技术创新［J］．中国工业经济，2016（12）：5－22.

［119］余明桂，钟慧洁，范蕊．民营化、融资约束与企业创新——来自中国工业企业的证据［J］．金融研究，2019（4）：75－91.

［120］余志良，谢洪明．技术创新政策理论的研究评述［J］．科学管理

研究，2003，21（6）：32－37.

［121］俞明传，顾琴轩，朱爱武．员工实际介入与组织关系视角下的内部人身份感知对创新行为的影响研究［J］．管理学报，2014，11（6）：836－843.

［122］俞仁智，何洁芳，刘志迎．基于组织层面的公司企业家精神与新产品创新绩效——环境不确定性的调节效应［J］．管理评论，2015，27（9）：85－94.

［123］袁红林，蒋含明．中国企业家创业精神的影响因素分析——基于省级面板数据的实证研究［J］．当代财经，2013（8）：65－75.

［124］曾萍，邬绮虹．女性高管参与对企业技术创新的影响——基于创业板企业的实证研究［J］．科学学研究，2012，30（5）：773－781.

［125］张兵，王晖．当代中国民营企业家精神的特点［J］．中外企业文化，2003（8）：42－43.

［126］张朝抒．基于员工的企业归属感的激励机制研究［J］．铁道运输与经济，2010，32（3）：39－41.

［127］张凤海，侯铁珊．技术创新理论评述［J］．东北大学学报（社会科学版），2008（2）：101－105.

［128］张敏．营商制度环境对企业家精神的影响研究——以中国地方行政审批改革为例［J］．中央财经大学学报，2021（6）：90－103.

［129］张平，张晔．中国生物技术产业发展与产业政策路线图构想［J］．华中农业大学学报（社会科学版），2013（1）：1－5.

［130］张璇，刘贝贝，汪婷．信贷寻租、融资约束与企业创新［J］．经济研究，2017，52（5）：161－174.

［131］张筝，黎永泰．影响员工归属感的七大因素［J］．企业活力，2007（8）：48－49.

［132］赵红丹，汤先萍．内部人身份认知研究述评［J］．外国经济与管理，2015，37（4）：56－65.

［133］赵慧军．关于企业家特质的调查研究［J］．经济与管理研究．2001（6）：18－23.

［134］赵晶，孟维烜．继承人社会资本对代际传承中企业创新的影响［J］．中国人民大学学报，2016，30（3）：91－105.

［135］赵晶，张书博，祝丽敏．传承人合法性对家族企业战略变革的影响［J］．中国工业经济，2015（8）：130－144.

[136] 中国企业家调查系统，李兰，张泰，李燕斌，盛来运，于武，贡森，丛亮，王克良，吴频，余明勤，杨元伟，余平，郝玉峰，李强，樊纲，路江涌，彭泗清，潘建成，郝大海，仲为国．新常态下的企业创新：现状、问题与对策——2015·中国企业家成长与发展专题调查报告［J］．管理世界，2015（6）：22－33.

[137] 仲礼．美国召开中国企业家精神讨论会［J］．上海经济研究，1983（5）：59－60.

[138] 周立，赵秋运．企业家精神、产业技术创新与经济发展［J］．湖南科技大学学报（社会科学版），2021，24（2）：80－93.

[139] 朱伟民．组织理论与组织创新研究［J］．商业经济与管理，2006（1）：35－39.

[140] 祝继高，叶康涛，严冬．女性董事的风险规避与企业投资行为研究——基于金融危机的视角［J］．财贸经济，2012（4）：50－58.

[141] 庄子银．创新、企业家活动配置与长期经济增长［J］．经济研究，2007（8）：82－94.

[142] 庄子银．南方模仿、企业家精神和长期增长［J］．经济研究，2003（1）：62－70，94.

[143] 庄子银．企业家精神、持续技术创新和长期经济增长的微观机制［J］．世界经济，2005（12）：32－43，80.

[144] Amore M. D. et al.. Credit supply and corporate innovation [J]. Journal of Financial Economics, 2013 (3): 835－855.

[145] Angulo-Guerrero M. J., Pérez-Moreno S., Abad-Guerrero I. M. How economic freedom affects opportunity and necessity entrepreneurship in the OECD countries [J]. Journal of Business Research, 2017 (73): 30－37.

[146] Autio E., Kenney M., Mustar P., Siegel D., Wright M. Entrepreneurial innovation: The importance of context [J]. Research Policy, 2014 (43): 1097－1108.

[147] Baker, Wang wulong. From Industrial Society to Risk Society (above)-marxism and reality [J]. Marxism and reality, 2003 (3): 26－45.

[148] Bernanke, B. and Gertler Mark. Agency Costs, Net Worth and Business Fluctuations [J], American Economic Review, 1989, 79 (1): 14－31.

[149] Berrone P, Cruz C, Gomez-Mejia L R. Socioemotional Wealth in Fami-

ly Firms [J]. Family Business Review, 2012, 25 (3): 258 -279.

[150] Christina L. Stamper, Suzanne S. Masterson. Insider or Outsider? How Employee Perceptions of Insider Status Affect Their Work Behavior [J]. John Wiley & Sons, 2002, 23 (8).

[151] Cohen, W. M. and Levin, R. C. Empirical Studies of Innovation and Market Structure [J]. Handbook of lndustrial Organization, Amsterdam: North Holland, 1989.

[152] Dechow, P. M. , Sloan, R. G. Executive Incentives andthe Horizon Problem: An Empirical Investigation [J]. Journal of Accounting and Economics, 1991, 14 (1): 51 -89.

[153] Ernst & Young. Beyong Borders 2009 - 2017 [R]. LA: Ernst & Young. 2009 -2017.

[154] Gomez-Mejia L R, Campbell J T, Martin G, et al. Socioemotional wealth as a mixed gamble: revisiting family firm R&D investments with the behavioral agency model [J]. Entrepreneurship Theory & Practice, 2014, 38 (6): 1351 -1374.

[155] Gomez-Mejia L R, Haynes K T, Nunez-Nickel M, et al. Socioemotional Wealth and Business Risks in Family-Controlled Firms: Evidence from Spanish Olive Oil Mills [J]. Administrative Science Quarterly, 2007, 52 (1): 106 -137.

[156] Greenwald. B, Stiglitz. J. E, Weiss. A. Informational imperfections in the capital market and macroeconomic fluctuations [J]. American Economic Review, 1984 (74): 194 -199.

[157] Hall B. H. , Lerner J. . The financing of R&D and innovation [M]. Amsterdam: Elsevier, 2010 (6): 610 -639.

[158] Hall, B. H. , Moncada-Paternò-Castello, P. , Montresor, S. and Vezzani, A. Financing constraints, R&D investments and innovative performances: new empiricalevidence at the firm level for Europe [J]. Economics of Innovation and New Technology, 2016, 25 (3): 183 -196.

[159] Hambrick D C, Mason P A. Upper echelons: The organizition as a reflection of its top managers [J]. Academy of management review. 1984, 9 (2): 193 -206.

[160] Hanson Robert C, Song Moon H. Managerial ownership, broad struc-

ture and the division of gains in divestitures [J]. Journal of Corporate Finance, 2011, 6 (1): 55 - 70.

[161] Hauck J, Prügl, Reinhard. Innovation activities during intra-family leadership succession in family firms: An empirical study from a socioemotional wealth perspective [J]. Journal of Family Business Strategy, 2015, 6 (2): 104 - 118.

[162] Helfat C E, Martin J A. Dynamic Managerial Capabilities [J]. Journal of Management, 2015.

[163] Letaifa S. B. , Rabeau Y. Too close to collaborate? How geographic proximity could impede entrepreneurship and innovation [J]. Journal of Business Research, 2013 (66): 2071 - 2078.

[164] Markussen S. , Roed K. The gender gap in entrepreneurship-The role of peer effects [J]. Journal of Economic Behavior & Organization, 2017 (134): 356 - 373.

[165] Marquis D G. The anatomy of successful innovations [J]. Innovation Magazine, 1969, 1 (1): 28 - 37.

[166] Miller D, Le Breton-Miller I. Deconstructing Socioemotional Wealth [J]. Entrepreneurship Theory and Practice, 2014, 38 (4): 713 - 720.

[167] Modigliani. F, Miller. M. H. The cost of capital, corporation finance and the theory of investment [J]. American Economic Review, 1958, 48 (2): 261 - 297.

[168] Myers, S. C. , and N. S. Majluf. Corporate financing and investment decisions when firms have information that investors do not have [J]. Journal of Financial Economics, 1984 (13): 187 - 221.

[169] OECD. The Bioeconomy to 2030: Designing a Policy Agenda (Main Findings and Policy Conclusions) [R]. Organization for Economic Co-operation and Development, 2009.

[170] Peltomäki, Jarkko, Swidler S, Vähämaa, Sami. Age, Gender, and Risk-Taking: Evidencefrom the S&P 1500 Executives and Market-Based Measures of Firm Risk [J]. Social Science Electronic Publishing , 2018.

[171] PhRMA. Profile-Biopharmaceutical Research Industry [R]. Washington, DC, Pharmaceutical Research and Manufacturers of America, 2013.

[172] Rothwell R. Successful industrial innovation: Critical factors for the 1990's [J]. R & D Management, 1992, 22 (3): 221 - 240.

[173] Ruttan, Lore M. Sociocultural heterogeneity and the commons [J]. Current Anthropology, 2006 (47): 843 - 853.

[174] Sachs R. Prizing Insurance: Prescription Drug Insurance as Innovation Incentive [J]. Harvard Journal of Law & Technology, 2016, 30 (9): 106 - 130.

[175] Saeed, A. & Ziaulhap, H. M. The impact of CEO characteristics on the internationalization of SMEs: evidence from the UK [J]. Canadian Journal of Administrative Sciences, 2019, 36 (3), 322 - 355.

[176] Schultz T. W. Investment in Entrepreneurial Ability [J]. Scandinavian Journal of Economics, 1980, 82: 437 - 448.

[177] Schumpeter J. A. The Theory of Economic Development [M]. Cambridge, MA: Harvard University Press, 1934.

[178] Sciascia S, Mazzola P, Kellermanns F W. Family management and profitability in private family-owned firms: Introducing generational stage and the socioemotional wealth perspective [J]. Journal of Family Business Strategy, 2014, 5 (2): 131 - 137.

[179] Susanne G. Scott, Reginald A. Bruce. Determinants of Innovative Behavior: A Path Model of Individual Innovation in the Workplace [J]. Academy of Management, 1994, 37 (3).

[180] Vittorio Chiesa, Paul Coughlan, Chris A. Voss. Development of a technical innovation audit [J]. Elsevier Inc., 1996, 13 (2).

[181] Wei L. Q., Ling Y. CEO characteristics and corporate entrepreneurship in transition economies: Evidence from China [J]. Journal of Business Research, 2015 (68): 1157 - 1165.